無私、利他

西郷隆盛の教え

監修 稲盛和夫
本文 プレジデント書籍編集部

プレジデント社

まえがき

本書の主人公である西郷隆盛は、いまから百五十年以上も前に、「徳高き者には高い位を、功績多き者には報奨を」と語りました。その意味するところは、功績にはお金で報い、人格の高潔な者こそ高い地位に据えるべきだということです。

人間にとって一番大切なのは人格であり、特にリーダーと呼ばれる人間には人格が強く求められると、西郷は説いています。わが国における国会議員の、総選挙の際に見せた大義と正義を忘れ右往左往する姿を見るにつけ、西郷の言の正しさを痛感しています。

本書は、『人生の王道　西郷南洲の教えに学ぶ』（日経ＢＰ社・二〇〇七年刊）

の著者であり、これまで雑誌等で西郷隆盛に関するインタビューを数多く受けてこられた稲盛和夫氏に監修をお願いしました。

本書は、優れた人格者だったと言われる西郷隆盛の人生をコンパクトにまとめたものです。［第1部］では、西郷に関する稲盛氏のお考えをQ&A形式で答えていただきました。その上で、［第2部］では西郷の生き様を、プレジデント書籍編集部がまとめました。

西郷は激情の人生を通じて、私たちに、①私心をなくす、②正道を貫く、③試練により人格を磨く、④謙虚に生きる、⑤大計、大義を心に秘める、⑥徳を持つことの大切さを教えています。この六つの思想については、西郷の生き様を綴った［第2部］で述べています。

西郷の人生を学ぶことで、自らを磨き人格を高めることの大切さを十分に感じました。立派な人格者として、自分の人生を終えたいとの願いを私たちは持ちました。人間はこの世に生を受けたときは原石のようなものであり、後天的に磨き上げられることではじめて光り輝く宝石のような人格者になることができると思うからです。
監修者である稲盛氏は、取材中に、「西郷のような人間が一人でも多く生まれることが、日本をよくすることにつながります」と言っています。私たちはその思いに強く共感し、光り輝く宝石が一つでも多く、増えていくことで、よりよい明日をつくりたいと願い、本書をまとめました。

二〇一七年十一月

プレジデント書籍編集部

目次

第2部

第1章 西郷隆盛・「叛逆者」から幕末の「英雄」へ・前編

第3章 西郷隆盛・維新の「英雄」から「叛逆者」へ

終章 西郷隆盛はたいまつの火か
――明治維新百五十年と西郷隆盛没後百四十年の意味

写真　小倉和徳

第1部

稲盛和夫が語る「西郷隆盛」を読み解くキーワード

西郷隆盛の原風景と「稲盛自分史」の中の西郷

問一、

西郷隆盛は、幼い頃から尊敬する偉人でしたか。

一

西郷の教えは風の音《ね》のように、自然と私の耳に入ってきました。

鹿児島で生まれ育つと、西郷隆盛の教えは何か風の音のように自然と耳に入ってきます。私も小学生になると、西郷の教えを先生からたびたび聞かされていましたし、郷中教育《ごじゅうきょういく》（薩摩藩伝統の教育）でも教わりました。小学校でも、郷中教育でも、たびたび西郷の話が出てきたのです。私は幼い頃から西郷に対して、鹿児島が生んだ大偉人として尊敬の念を抱いていました。

問二、

幼い頃に影響を受けた
教えはほかにありますか。

二

「隠れ念仏」が教えてくれた「感謝の気持ち」をいまも大事にしています。

四歳か五歳の頃ですが、父に連れられ「隠れ念仏」の集まりに参加しました。私にとって、仏の教えに接する初めての機会でした。

私が幼い頃には、まだ「隠れ念仏」の習わしが残っていました。お坊さんの後ろで正座をしてお経を聞くのです。お経が終わり、線香をあげると、お坊さんから、「これからは、仏様を、『なんまん、なんまん、ありがとう』と言って拝みなさい」と言われました。

これは、「仏様に毎日、感謝して生きなさい」というお坊さんの教えです。この教えから「感謝の気持ちが大事である」との思いを強くしました。

問三、

薩摩に生まれた西郷ですが、
薩摩の特徴的な風土について
語っていただけますか。

三

〝士魂《しこん》（武士の魂）〟を讃える気風があります。その代表的な行事が「妙円寺《みょうえんじ》詣り」で、若き日の西郷隆盛も大久保利通も参加しています。

鹿児島では昔から、〝士魂〟のような武士の心構えを讃える気風がありました。その代表的な行事が、「妙円寺詣り」です。現在は、毎年十月の第四週に行われています。

このお詣りは、一六〇〇（慶長五）年に起きた関ヶ原の戦いにおける、島津義弘《しまづよしひろ》軍の脱出がきっかけで生まれました。みなさんもよくご存じのように、関ヶ原の戦いは石田三成率いる西軍が、徳川家康率いる東軍に敗れた戦いでした。

西軍の負け戦になり、西軍の兵士たちの多くは後方に退き、敗走しました。しかし、敗走を嫌った島津軍は、東軍が位置する正面の伊勢街道からの撤退を目指しました。前方の敵の大軍の中を突破することを決意したのです。

島津軍は先陣を島津豊久《とよひさ》、右備《みぎぞなえ》を山田有栄《ありなが》、本陣を義弘という陣立てで突撃しました。旗指物、合印などはすべて捨てた、決死の覚悟での突撃でした。

前方の東軍を何とか中央突破すると、関ヶ原から津、伊勢のほうに進み、伊勢の漁師に船をもらい、鹿児島に戻っていきました。薩摩領内にやっとの思いでたどり着いた島津軍は、現在の鹿児島県日置市伊集院町を通って帰ったと言われています。

この脱出をもとに、「妙円寺詣り」は片道約二十キロ、往復四十キロに及ぶ道のりを、甲冑を着て、徒歩で参拝する行事となりました。私も子どもの頃、夜中に伊集院の妙円寺まで行って、参拝し、そこから明け方までに鹿児島へ帰ってきました。小学生の頃は二回ほど参加したことがありました。

いまも続く伝統行事を見ても、鹿児島の地に息づく独特の風土を感じることができると思います。

問四、

「妙円寺詣り」は、
「曽我《そが》どんの傘焼き」
「赤穂義臣伝輪読会」と並び
郷中教育・三大行事と
言われていますが、
薩摩の武士たちは
これらの行事にどんな教えを
込めたのでしょうか。

四

真心の大切さです。

「妙円寺詣り」「曽我どんの傘焼き」「赤穂義臣伝輪読会」という郷中教育の三大行事は、勇気と真心を大切に生きることを教えています。特に、真心でしょうか。すべての行動には、真心が大切であるという教えです。

問五、

薩摩武士の気質をよく表している言葉はありますか。

五

「議《ぎ》を言うな」です。
薩摩武士の気質から生まれた
いかにも鹿児島らしい言葉です。

鹿児島弁には、「議を言うな」という言葉があります。この言葉は、薩摩武士の気質をよく表した言葉だと思います。

相手に不満を垂れたり、無駄話をする。また、食べ物を残して、なぜ残したのか言い訳めいた話をする、反論めいた話をぐだぐだと語る。そんなときに、「議を言うな」と言うと、相手は二の句を継げなくなるのです。

話し相手に、「もう、その話は聞きたくない」「その話をするのはやめてくれ」と思ったときに放つ、極めつきの一言です。

問六、

西郷の教えには、薩摩藩以来の「郷中教育」の影響はありますか。

六

「才識も大切だが、それ以上に誠の心が大切だ」という西郷の考え方に、その影響力の大きさを感じます。

西郷隆盛は小賢しい策略、小賢しい人間をとても嫌いました。努力して知識を身につけ、能力を磨くことは悪いことだとは決して言いませんが、ただし才識だけを振りかざしても、誠の心がなければ、物事はうまく進みません。西郷は才識も大切だが、それ以上に誠の心が大切だと教えています。

問七、

いまも心に残る「郷中教育」での学びはありますか。

七

「郷中教育」で、西郷隆盛の人柄、偉大な功績、その教えについて体系的に学びました。この学びから西郷の教えが、私の考え方に影響を与えました。

私が通った鹿児島市立西田小学校の近くに、「自彊学舎《じきょうがくしゃ》」と呼ばれる「郷中教育」の道場施設があります。学校が終わると子どもたちはこの学舎に集まり、学んでいました。道場の入り口には、西郷の肖像画と、「負《ま》くっな（負けるな）」「嘘を放《ほう》っな（言うな）」「弱きを苛《いじ》むっな（苛めるな）」の言葉が掲げられていました。

私は、「郷中教育」で西郷隆盛の人物像、偉大な功績を体系的に学びました。その学びが、私の考え方に影響を与えています。

「郷中教育」は、もっぱら士族の子弟たちが集まって学ぶものでした。本来であれば、私のような農民の子はその中に入れてもらえませんでした。私が子どもの頃でも、鹿児島は大変封建的な土地柄でした。私が旧制中学校を受験したときも、受験票に「身分」を書く欄がありました。この欄には、士族や平民と書く必要がありました。父が「平民」と書いたのを見て、私は「うちは士族ではないの?」と言ったことを覚えています。なぜか大変悔しい思いをしたのでいまでも覚えています。

私が生まれた町は鹿児島市薬師町で、旧薩摩藩の下級武士が住んでいました。当時も、士族の家族がたくさん住んでいました。わが家は農家の出だったのですが、父が若くして印刷業で成功し、財をなしたため、ある士族の屋敷を購入しました。

立派な武家屋敷でした。小学生の私は兄と天井裏にもぐり、「何かあるのではないか」と探索ごっこをしました。すすだらけの天井裏を探ってみると、仕込み杖が一本隠してありました。その仕込み杖には、桜の木の、きれいな皮が巻かれていました。

仕込み杖の錆びていた刀を、兄と二人、砥石で磨ぎました。磨いて、磨いて、やっと使えるようになったときに、兄は試し斬りをしたいと言い出しました。家で飼っていた鶏を庭で吊して、兄がその首を斬るというのです。ただ、兄にとっても怖いものですから、結局斬ったのは鶏冠《けいかん》だけでした。

問八、

これまで経営判断をする際に、西郷の教えが活かされたことはありますか。

八

第二電電（現ＫＤＤＩ）の発足の際、「動機善なりや、私心なかりしか」を幾度も問いかけました。

「百年に一度の機会を無駄にしてはならない。国民のために通信料金を安くする」

今から三十三年前の、一九八四（昭和五十九）年六月に、私が下した決断でした。情報社会の到来で、政府は独占から自由競争へと政策を変えて、日本電信電話公社の民営化、電気通信事業の自由化に踏み切りました。その好機に、私は、後のＫＤＤＩとなる第二電電（ＤＤＩ）をつくることを決断しました。

明治以来、日本の通信料金は電電公社が独占してきたため、当時、欧米の国々に比べて高額の料金となっていました。民営化後、電電公社からＮ

TTへと看板を変えましたが、その力は強大で、当時は誰も新規参入をしようとしませんでした。

しかし、競争がなければ、通信料金は下がりません。そこで、通信事業の知識も経験もない京都の中堅企業の社長にすぎない私は、無謀と言われながらも、手を挙げることにしました。

「動機善なりや、私心なかりしか」

決断にいたるまでの半年間、私は毎晩、自問自答を繰り返しました。その判断に、私心はないかを何度も何度も確認しました。本当に国民のためを思ってのことなのか。この機会に京セラを大きくしたいといった私心はないか。自分自身に厳しく問い続けたのです。これは、西郷から無私の思想を教わっていたことも影響したのかもしれません。

そして、「いささかの濁りもない」と自分の良心に誓って断言できるようになったとき、私は打って出ることを決断しました。

新規参入した三社の中で、ケーブルを引くルートも通信技術のノウハウも何も持たない第二電電が最初に駄目になると言われていましたが、「国民のためにある」という大義があったので、社員とも一致団結し、事業拡大に邁進することができました。

その後、DDIを核に、巨大NTTに対抗しようという勢力が大同団結し、KDDIが生まれました。私が創業時の志を忘れ、小賢しい策略に走っていたら、いまのKDDIは影も形もなかったはずです。

問九、

「無私の精神」を身につけるには、どうしたらいいのでしょうか。

九

この精神は学んで会得できるものではなく、「無私でありたい」と強く思い続けることで得られるものです。つねに自分を戒め、「無私であるべきだ」と心の中で何度も唱えることが大切です。

「権謀術策を駆使する人間は、純粋な心を持った人間に最終的には負けるのだ」という西郷の教えを、私はそのまま自分の信念としました。

リーダーと呼ばれる人間が第一に身につけるべきは、誠心です。カネや地位、権力、策略は、一点の曇りもない誠心誠意の志に歯が立ちません。偉業というものは、西郷隆盛がそうであったように、高潔で清らかな思いがあってこそ、初めて成し遂げられるものです。

誠心誠意の志とは、無私の精神です。征韓論に敗れた西郷は、参議を辞めて下野し、生まれ故郷の薩摩に帰りました。その西郷を追うように、維新の功績で明治政府の官僚になっていた薩摩の若い士族たちは官を離れて、鹿児島に帰っていきます。

西郷はそんな多くの若者が爆発し、西南戦争が勃発すると、何も言わずに「俺も行こう」と身を投げ出しました。そのような生き様に、無私の精神を感じます。西郷の場合は、つねに無私の精神だったと言えます。自分がないということが、西郷の生き様でした。だからこそ、多くの人の共感を呼び、みんながついていくのです。

それでは、無私の精神は、どうしたら会得できるのでしょうか。この精神は学ぶことではなく、「無私でありたい」と心の中で強く思い続けていなければなりません。やはり人間には欲があり、自分が一番大事ですから、放っておくとどうしても欲が芽生えます。無私とは真逆の利己の心が自分の心を占領します。

つねに自分を戒めて、無私であるべきだと、心の中で何度も唱えることが大切です。「自分のまわりの人たちを幸せにする」、そのことを自分に言い聞かせていかなければなりません。生まれながらにして聖人君子のような人もいるかもしれませんが、われわれ凡人は心の中で強く自分を戒めて、教えていかなければならないのです。私もまた、無私、利他ということを強く意識して生きてきました。

問十、

西郷は二度の島流しという
逆境体験を通じて己を
成長させました。
逆境をなかなか体験しづらい
現在の若者たちは、どのようにして
己の心を鍛えたらいいのでしょうか。

十

平穏で、豊かな時代には、書籍を通じて学ぶことが必要です。人間にはこういう生き方ができる、考え方、哲学を持つことができる。そのことを知ることが大切です。

戦後の高度経済成長は、日本の多くの働き者たちが成し遂げた奇跡でした。働き者たちは蔓延していた貧しさから早く脱却したいという切なる願いを持っていました。その頂点に立ち、日本経済を牽引してきたのが、松下幸之助さんであり、本田宗一郎さんであり、関西ですと流通革命を断行した中内㓛《いさお》さんでした。

彼らは超一流大学卒という経歴とは、まったく次元の異なるところから出てきた人物でした。経営も人生も、逆境の中で必死に努力して成り上がった人たちです。出会うすべての体験が必然であり、運命的だと捉え、熱く、熱心に、すべてのものをなげうって必死に努力を続けていくタイプでした。

現代に生きる私たちは、彼らが体験した生き様、その必死に努力する姿を学ぶべきだと思います。そのバイタリティが、戦後の廃墟の中から日本を復興させていったのです。人間とは、つねに学び、努力し、一生懸命に生きていかなくては、心が成長しません。彼らの逆境体験、また彼らと同世代の無数の日本人の逆境体験が、日本を豊かにしました。

しかし、松下さん、本田さん、中内さん以上に逆境の人生を送ったのが、西郷隆盛でした。西郷は二度も島流しに遭いながら、心乱すことなく、さまざまな書物を読んで勉強を続けていました。その心の強さ、しなやかさは二度の島流しの中で鍛えられ、西郷は己の考えを深めていったのです。

現在の日本は幸せで、豊かな平和な国になりました。しかし、そのために、現代の若者たちはそんな逆境体験を経験したいと思っても、逆境に出合うことが少なくなってしまったのです。

私のような戦中、戦後を子どもとして過ごした世代から見ても、逆境というのは自分を鍛える大きな要素だったと思います。それが現代にはない。日本の歴史を見渡しても、このような時代はなかったと思います。

現代の若者たちは、どのようにして己の心を磨いたらいいのでしょうか。このような時代では、書籍を通じて学ぶことが一番大事ではないかと思います。

望んでもなかなか逆境に遭わない若者たちは、人間にはこういう生き方ができる、考え方、哲学を持つことができるということを、書籍を通じて学ぶことが大切です。

問十一、

著書の中で、あるいはお話の中で、
「努力」という言葉を
よく使われています。
西郷は「努力」に対して
どのように考えていたのでしょうか。

十一

西郷は、常日頃から気を抜かず、途切れることのない努力を続けた人物でした。

経営を例にして話しますと、経営とはそもそも企業買収のように派手で、刺激的で、あっと驚く大きな出来事ばかりではありません。地味で、単純な判断の繰り返しです。そういう地道な努力を積み重ねることなしに、大きな仕事は成し遂げられません。

西郷は『南洲翁遺訓《なんしゅうおういくん》』の中で、「道に志す者は、偉業を貴《とうと》ばぬもの也」と語っています。「正しい道を志す者は、偉業を成し遂げようと思っていません。人の意表を突き、驚かすような派手なことをしないものです」と諭しています。

西郷は夢と現実の隔たりを前にして、ただ焦らずに、奇策を弄せずに、地に足をつけて、一歩一歩を踏みしめて前に進むしかないと語ります。くじけずに歩き続けることが大切なのです。小さな努力の繰り返しこそ大事なのです。

問十二、

若き日に、
一番努力した時期は
いつの頃ですか。

十二

時間を忘れて仕事をしたのは、鹿児島大学を卒業し、京都の松風工業《しょうふうこうぎょう》に入社した頃です。いま振り返っても、この頃の努力で、魂が磨かれたと思っています。

現代の日本人は、みなとても賢くなっていますので、少し努力をしてうまくいくと、もうその辺で満足し努力を続けません。しかし、努力とは、生ある限りいつまでも必死にしなければ駄目なのです。

若い頃のことを思い出しますと、私は鹿児島大学を卒業しましたが、一流企業に入れず、やっとのことで京都の焼き物の会社である松風工業に入社しました。

松風工業の社員時代は本当に必死に努力をしました。

ファインセラミックスの研究開発を行い、自分の手で新製品を次々に開発していきましたが、しかしその頃の研究開発の先に何があるのかという将来の目的があったわけではありません。ただ目の前にある研究を必死で続けていました。

しかし、必死に努力していると、その先が見えなくても、必ず道が拓けていくものです。そうして将来が見えないなかで、目の前にある研究に必死で打ち込む。それが己の人生を拓いていく元になったような気がします。

傍から見たら、研究していることは本当に些細な、小さなことだったかもしれませんが、全身全霊をかけて必死で努力していました。現在の若者でしたら多分、途中でやめてしまうのだろうと思うのですが、私の場合、やめなかったからよかったと思っています。

この松風工業には、大卒が五人入社しました。

一人は京都大学工学部卒の人で、九州・天草の出身者でした。別の一人は京都出身で、京都工芸繊維大学卒の人でした。松風工業は私の入社当時から経営が思わしくなかったようです。給料日に給料が出ず、「一週間待ってくれ」という会社でした。

京都工芸繊維大学卒の人間は、ツテがあって辞めていきました。京都大学卒の天草出身の人間とは一緒になって「辞めたいな」と言っていたのですが、辞めても行くところがなかったので、それなら自衛隊の幹部候補学校が募集しているので受験しようということになりました。受験に合格した彼は、会社を辞めてその学校に行きました。

私も一緒に受験し、合格したのですが、入学手続きには戸籍抄本が必要でした。鹿児島の兄に、戸籍抄本を送ってくれるように頼んだのですが、その兄にひどく叱られました。

「会社にせっかく入れてもらって、まだ一年も経たないで、文句ばかり言って辞めようとしているのはけしからん」と、兄は戸籍抄本を送ってくれなかったのです。

私は幹部候補学校に行けないまま、一人、会社に取り残されました。あとはもう自分の目の前にある研究に打ち込む以外にないと、いままで以上に必死に仕事をしました。

「エレクトロニクス用の新しい絶縁材料の開発をやってくれ」と上司から言われたので、その研究に日夜没頭しました。文献があまりなかったので、アメリカの『セラミックソサエティ』のような学会誌をいろいろと取り寄せて、それを参考にしながら研究しました。

寮から会社に通うのが面倒になり、寮から七輪と鍋釜を研究室に持ち込み、研究室で炊事をして、泊まり込んで研究を続けました。そうした日常を送るなかで、日本で初めてと言われるセラミック材料の開発に成功することができました。

研究に没頭していた頃は、西郷のことはまったく思い浮かべてはいませんん。しかし、結果として西郷の教えをなぞるように生きていました。

第2部　第1章

西郷隆盛・「叛逆者」から幕末の「英雄」へ・前編

幕末の志士から維新の元勲、叛乱者まで隆盛の人生を鳥瞰する①

いま、なぜ、「西郷隆盛」なのか

日本人にとって、「戦後」という言葉が持つ響きは、真夏の太陽の輝きにも似たもので、なにものにも替え難い誇らしげな響きを持つ言葉でした。焼け跡の廃墟から黙々と動き出した日本人は、世界の多くの国々から「奇跡」とも言われるような経済発展を成し遂げました。日本人の多くは豊かさを手に入れ、「戦後」という言葉は特別な意味を持つものになったのです。

ところが、一九七〇年代以降になると、この言葉が持つ輝きは次第に色あせたものに変わります。豊かさを手に入れた日本人はその一方で、精神的な美しさ、高邁《こうまい》さを失いつつ今日までいたっています。

歴史を紐解けば、ローマ帝国、大英帝国など、国家は隆盛と没落を繰り返しています。国家の成長発展の原動力は、その国民が真摯に努力を積み重ねることであり、国家没落の原因を探るのであれば、国民が豊かさに慢心し驕り高ぶるようになるということです。まさに国家の盛衰は、人の心の様相と一致しているのです。

精神的な美しさ、高邁さを失いつつある人が増えていくことは、国家にとって一大危機と言えます。一人ひとりの日本人が、美しくて高邁な心をどうしたら取り戻すことができるのか、その点を真剣に考えなければなりません。

「美しくて高邁な心」を取り戻そうとするとき、私たちは幕末・維新の時代を駆け抜けた西郷隆盛の生き様を思い出します。西郷は、欧米列強の国々から日本国の独立を守るため、敢然として立ち向かい、いかなる障害に遭遇しようとも、不屈の闘志で克服したのでした。

国家存亡の危機を救った日本人の一人に、西郷がいます。西郷は幕末の志士であり、戊辰戦争、維新を通じて、政治家としての才能を発揮しつつ、その生涯をかけて、美しく高邁な心であろうとし続けた日本人でした。

私たちは、「西郷隆盛」の生き方、考え方をもっと知る必要があります。西郷と向き合うことで、日本人が本来持っていた「美しさ」「高邁さ」が思い出されるのです。

そして、一人ひとりの日本人が、美しくて高邁な心を取り戻すことこそが、日本の繁栄を長く維持するための最善の方法だと思っています。日本は経済大国ではなく、国民の精神が上質な国家として、世界中から尊敬され信頼されるようになるのが、日本が繁栄を長く維持するための最善の方法なのではないでしょうか。

薩摩藩下級武士四十七石と泥まみれの郡方書役《こうりがたかきやく》

西郷隆盛は、一八二七（文政十）年十二月七日に、薩摩は下加治屋町に生まれました。西郷は城山で自決するまでの四十九年間、命を激しく燃やし続けました。その一生は切所《せっしょ》の連続で、まさに激情の一生でした。

西郷の享年は、現在の私たちから考えると、まだ若い年齢です。しかし、幕末・維新で活躍した志士たちと比べると、長生きした部類に入ります。

幕末の志士たちの享年を見てみると、小松帯刀《たてわき》・三十四歳、坂本龍馬・三十一歳、高杉晋作・二十七歳、吉田松陰・二十九歳です。その死因は、過酷な日常の連続で病にかかり病没、あるいは幕府から死罪を宣告されたり、暗殺されたりと、いかにこの時代が激動の時代だったかがわかります。

ところが、志士の第二世代に入ると、伊藤博文は六十八歳、井上馨は七十九歳、西郷従道《つぐみち》と黒田清隆は五十九歳、そして大隈重信と山県有朋《やまがたありとも》は八十三歳と、西郷と黒田という薩摩出身の志士を除けばいずれも長寿の人生です。

ここからは、西郷四十九年の生き様を追ってみたいと思います。まず第1章と第2章では、西郷が艱難を排し、藩論を討幕へとまとめるまでについて触れます。

西郷は武家の生まれでしたが、その家格は御一門家《ごいちもん》・一所持《いっしょもち》・一所持格《かく》・寄合《よりあい》・寄合並《なみ》・小番《こばん》・新番《しんばん》・御小姓組《ごこしょうぐみ》・与力《よりき》・足軽の中で、御小姓組という下級武士の家でした。

西郷家の家禄は四十七石と言われています。家禄四十七石とは、収穫高が四十七石算定された田畑を藩から与えられたという意味です。ただ、西郷家の手許に四十七石が入ってくるわけではなく、実際に自らが耕作して手元に十六石ほどが入る勘定になります。これは、テレビの時代劇でよく登場する八丁堀同心（江戸幕府の下級武士）とほぼ同じ収入です。

しかし、西郷が家督を継ぐ前に借金で田畑を失い、その後、同じ田畑を二百両で買い戻したものの、再度失ってしまい、西郷が家督を継いだときにはすでに田畑はありませんでした。そうなると、収入は俸禄《ほうろく》（役職手当の扶持米《ふちまい》）だけで、わずか四石でした。

西郷家は小禄であるうえに家族の数も多かったので、武家でありながら極貧に近い生活でした。寒さの厳しい夜などは兄弟が同じ蒲団で寝ているので、一枚の蒲団を引っ張り合うこともよくありました。

こうした貧困家庭の藩士の子弟に役目を与え、家計の足しにする俸給《ほうきゅう》制度が薩摩藩にはありました。書算《しょさん》（書道と算術）の得意な藩士の子弟は十七、八歳になると、藩のさまざまな役所の下役に召し出されることで、多少の扶持を得ていたのでした。

明治維新以降、西郷の書の技術は天下にとどろくほどになっていましたが、書道のみならず、そろばんもまた巧みでした。西郷は茫洋《ぼうよう》たる風貌と体格に似合わず、手先は器用でした。

西郷は十八歳のとき、郡奉行の下役である郡方書役に任用されました。いまで言う書記の役職です。西郷は数人の郡奉行に仕えましたが、最も彼に影響を与えたのは、最初に仕えた奉行の迫田利済《さこたとしなり》でした。利済は学があるだけでなく、気骨のある正義派でした。

西郷もまた生まれながらにして正義感が強く、篤実《とくじつ》で、情の厚い性格の持ち主でした。役目で郡内の百姓家をよく巡視して歩いていましたが、そのときに貧困ゆえに苦労を強いられている百姓家を見ると、かわいそうになり自分の手当を割いて渡していました。西郷の手当は家の生計の補助となる重要なものでしたが、貧困に喘《あえ》ぐ百姓家の憐れむべき実態を見ると、そうせずにはいられなかったのではないでしょうか。

ある夜、地方《じかた》巡り後、ある百姓家に泊まったところ、こんなことがありました。厠《かわや》に行った際に、その家の主人が牛小屋で牛に泣きながら何か話しているのを見たのです。

聞き耳を立てていると、主人は年貢を納めることができないので、牛を売って金に換えるために別れを惜しんでいることがわかりました。西郷はこれを気の毒に思い、事情をよく調べたうえで郡方に報告し、年貢を減額してもらうようにしました。

西郷の性格は迫田とよく合ったようで、西郷は迫田を尊敬し、迫田はまた彼を愛してやまなかったと思われます。西郷の強い正義感、正道を生きようとする姿勢、私心のなさ、そしてこの情の深さは、西郷の性格の根幹をなすものでした。

『近思録《きんしろく》』崩れと西郷隆盛

「『近思録』崩れ」とは、これから触れる「お由良《ゆら》騒動」とともに、幕末の薩摩藩を語るうえで外せないお家騒動のことです。

これは、西郷隆盛が生きていた同時代のお家騒動ではありません。その四十年ほど前になる一八〇八（文化五）年から翌一八〇九（文化六）年にかけて起こったお家騒動のことです。

そもそも『近思録』とは、南宋の朱熹《しゅき》・呂祖謙《りょそけん》の編書で、朱子の全思想の重要な内容をまとめた書物のことです。朱子学派ではとても大事にされているもので、薩摩藩では以前からその書物をもとにした研究が盛んだったのです。

薩摩藩八代藩主・島津重豪《しげひで》の放漫藩政が、このお家騒動の発端でした。重豪は、計画倒れになっていた藩校・造士館《ぞうしかん》建立や蘭学に関する天文台のような施設建設などの政策を採りました。この政策が、江戸時代初期から慢性的赤字で苦しんでいた薩摩藩にさらに莫大な借財を押し付けたのでした。

しかし、この厳しい財政状況をほとんど理解していない重豪は、娘の茂姫《しげひめ》を徳川家斉《いえなり》の御台所とし、他の子女も有力大名と縁組みをさせていました。これらの縁組みによって、薩摩藩の幕府、諸藩に対する影響力は強まったものの、それにともなう出費もかさみ、ますます藩財政を圧迫していきました。

息子の斉宣《なりのぶ》が九代藩主になると、家臣の秩父季保《すえやす》を登用し、藩政改革に着手しました。秩父は藩内では剛直で知られた男でした。重豪が藩主の時代に、目附《めつけ》だった秩父は重豪の怒りに触れ、逼塞《ひっそく》五年の刑を受けました。この間、秩父は誰の助けも借りずに、自ら野菜をつくり、それを売って金に換えて生き抜いた気骨ある武士でした。

秩父を中心に「近思録」派が生まれ、「近思録党」が考えた緊縮政策を実行しました。この政策の要となったのは、参勤交代の十年保留、殖産産業にならない新規事業の停止、琉球を通じた貿易の拡大でした。

実際、琉球を介した対清貿易は薩摩藩の隠れた重要な収入源でした。その拡大は、江戸幕府の意向を無視するも同然でした。さらに、茂姫を通じて幕府に対する威光を拡大しようとしていた重豪と衝突するものでもありました。

また、参勤交代の十年間保留を願い出ようとしていたのですが、そのようなことが幕府に受け入れられるはずもなく、ただ薩摩藩の体面を汚すことになると考えた重豪はますます怒りの声を上げたのでした。

一八〇八（文化五）年七月、斉宣は参勤交代で薩摩を出立して江戸に向かいました。すると、江戸上屋敷に暮らす重豪は、「近思録党」に属していた藩士に順次遠島《えんとう》、蟄居《ちっきょ》などの処分を下したのです。親戚が「近思録党」に属していたと判断されただけで処分された者もいました。

七月六日、秩父季保は切腹させられました。翌一八〇九（文化六）年、斉宣も「近思録党」を取り立てた責任を問われます。六月十七日、斉宣は隠居に追い込まれ、家督を長男の斉興《なりおき》に譲らされたのでした。

このお家騒動によって切腹した秩父季保ですが、秩父の剛直と清操を追慕する者は、西郷の時代になっても少なくありませんでした。西郷も若き藩士たちと同様に、『近思録』崩れの輩には感憤《かんぷん》していました。ここにも、西郷の正義感の強さ、大義に生きようとする薩摩武士の気質が表れていました。

郡方書役を務めていた西郷の日常はといえば、もともと「郡方書役」という仕事は、藩が貧困家庭の藩士の子弟に対して臨時雇いとして与えた仕事であったため、毎日勤務があったわけではありませんでした。

そこで仕事のないときは、藩校・造士館へ行って聴講したり、気の合った友人たちと経書の共同研究や談論をしたり、あるいは尊敬する先輩を仲間たちと一緒に訪問し、話を聞いたりして過ごしていました。先輩の話を聞くことを学問や修養とする考え方は、大正時代以後の日本人には失われてしまいましたが、明治年代までは常識になっていました。

当時、西郷が最も親しく交わったのは同じ郷中の大久保利通、吉井友実《ともざね》、高麗《こ》町《れ》郷中の有村俊斎《しゅんさい》（後の海江田信義）、上之園《うえのその》郷中の伊地知正治《いじちまさはる》等、後に「精忠《せいちゅう》組」となる面々でした。郷中教育において、彼らはみな、同じ郷中で学んだ仲でした。

会合で最も雄弁だったのは大久保で、寡黙な西郷は人々の談論を傾聴しているときが多くありました。また、彼らは、吉井と伊地知が同い年、西郷がその一歳上、大久保はさらに三歳若く、海江田はさらに二歳若かったのでした。

彼らは『近思録』を共同で研究していました。真面目で純真な青年であった西郷らは、秩父の遺徳を慕い、『近思録』に対して強い憧れを抱いていました。事を上手に運ぶよりも、志に殉じて見事に散っていく生き様に惹かれていたのでしょう。

西郷をはじめ、当時の彼らの意識にまだ天下のことはなく、藩内に限定されていました。薩摩藩士として立派に生きていくことを考えていたのでした。

お由良騒動と「精忠組」

英雄が歴史の表舞台に登場するときには、必ずそれを拒むような壁が現れるものです。薩摩藩で起きた「お由良騒動」もまた、稀世の名君と言われた島津斉彬《なりあきら》の登場を阻む壁として立ちはだかりました。

このお家騒動は、藩主就任をめぐる斉彬派と久光《ひさみつ》派の抗争でした。斉彬派は開明的な藩士たちの支持を受け、久光派は保守的な藩士たちの支持を受けていました。この二つの派閥の争いがお家騒動に発展していきました。

十代藩主・斉興《なりおき》と斉興を後見していた八代藩主・重豪は、巨大な借財を抱える薩摩藩の財政立て直しのため、一八二八（文政十一）年、調所広郷《ずしょひろさと》を財政改革主任、後に家老に抜擢しました。

財政改革を見事に成功させた調所でしたが、一八四七（弘化四）年の軍制改革、給地《きゅうち》高改正では藩士たちの猛反発を受け、その改革も揺らぎ始めていました。この機を見逃さず、かねてより斉興に不満を持っていた世子《せいし》（跡継ぎ）の斉彬は幕府老中の力を借りて、藩政に乗り出してきました。

老中・阿部正弘の命を受けて薩摩入りした斉彬は、調所排斥に踏み切りました。阿部は、幕政改革のためには薩摩藩の力が必要と考えて、斉彬に肩入れしていました。また、かねてから斉彬の才能を高く評価していた重豪は、そのような斉彬を頼もしく思い、藩主にさせたいと願っていました。

一方、斉彬の洋式軍制を信奉する考え方と財政策を認めなかった斉興と調所は、斉彬の藩主就任を危惧していました。こうしたときに、久光の母で、斉興側室だったお由良は、久光の藩主就任のために、調所派と連携したのでした。

一八四八（嘉永元）年、斉彬の藩主就任を望んでいた老中・阿部は、調所が江戸に出仕した際に、薩摩藩が行っている密貿易について問い詰め、斉興の引退を求めました。阿部が密貿易について知っていたのは、斉彬がその情報を伝えたからでした。調所は斉興を守るため、密貿易の責任を取って服毒自殺したのでした。

次第にその抗争は激しさを増していきます。一八四八（嘉永元）年、さらに一八四九（嘉永二）年に、斉彬の子が相次いで亡くなります。次々と子どもが亡くなった理由は、お由良の呪詛《じゅそ》（恨む相手に災いが起こるように神仏に祈願すること）が原因に違いないと考えた斉彬派は、大いに怒り、お由良らの暗殺を企てました。

この企てが発覚した一八四九（嘉永二）年、町奉行の近藤隆佐衛門《りゅうざえもん》、鉄砲奉行の山田清安《きよやす》、船奉行の高崎五郎右衛門《ごろうえもん》らが首謀者として切腹させられ、翌年には遺体が掘り返されて磔刑《たっけい》、鋸刑《きょけい》にされるなど、あわせて三十人が切腹、遠島の処分を受けることになりました。

一八五一（嘉永四）年、脱藩者の通報を受けた幕府によって斉興は隠居させられ、斉彬が十一代藩主に就任しました。犠牲者は少なくなかったのですが、藩は人事を刷新し、斉彬と久光も和解しました。

このお家騒動では、西郷家と関わりの深い人物が死を命じられました。その血染めの肌着を西郷はもらい受けたのです。西郷が二十四歳のときで、生来直情的で多感だった西郷は、大義に生きたその武士の生き様に、強烈な感動を受けました。

藩は、この騒動が一般には事情がわからないように隠しました。しかし、西郷は騒動に関わった人間との縁故を通じて、大久保は父が事件の連累者で遠島にされたことによって、この騒動の真相を知り、憤慨したのです。そして、西郷と大久保は、この先輩たちの志を継ぐことに決めて、いろいろと画策しました。

それが、秩父季保が愛読した『近思録』を輪読する会の面々を中心に集まった一団でした。周囲は彼らのことを「精忠組」（「誠忠組」ともいう）と呼んでいました。

多数の同志を得た「精忠組」の暗躍は、久光が過激藩士の粛清を行った寺田屋騒動まで続きました。やがて彼らの関心は薩摩藩内部から天下の事柄に移っていき、次第に「勤王党」とも呼ばれるようになっていきました。

西郷を盟主的な存在とし、大久保、堀仲左衛門、岩下方平《みちひら》らが主導しました。彼らを教育し、彼らの目を天下に向けさせ、新たなる大義を与えたのが、ほかでもない藩主・斉彬でした。

新藩主・島津斉彬の力量

後世、島津斉彬は「幕末の名君」の一人と称えられていますが、斉彬の手腕が発揮されていたのは、藩主になる以前からでした。

一八四四（弘化元）年から一八四六（弘化三）年にかけて、琉球に英国と仏国の商船と軍艦が何度か来航していました。特に、仏（フランス）国の軍艦は強く開国通商を迫っていました。理由は、阿片《あへん》戦争によって中国に勝った英国が、その影響力を拡大しようとしていることによるものでした。仏軍は次のように言ってきていました。

「中国から土地を割譲させ、償金を収めた英国は、その力を誇示して周辺の琉球にも迫ってくることが予想される。強引に併合を迫るかもしれない。そんな状況を避けるためにベストな方法は、わが仏国と条約を結ぶことだ。仏国は必ず貴国を保護し、英国の野心を挫いてみせよう」

仏国は何としてでも琉球国を、アジアにおける仏国の勢力圏内に引き入れたいと考えていました。十九世紀前半において、世界の二大強国であった英国と仏国は、アジアでの覇権を競い合っていました。中国における英国の成功を気にしながら、仏国は琉球国での巻き返しを図ろうとしていたのでした。

この琉球国の情勢に対して、薩摩藩は警備兵を増やし、薩摩半島の山川港に兵を集結させて、有事の際には直ちに出動できるよう準備を整えていました。

一八四四（弘化元）年からの三年は、西郷隆盛の十八歳から二十歳にあたります。この事件の処理のために、当時まだ世子だった島津斉彬は、一八四六（弘化三）年六月二十五日に薩摩に帰着していました。

後に藩主となった斉彬は、西郷を引き立て、教育することで、西郷を天下のことに目覚めさせた人物でした。西郷に天下の名士たちを紹介し、表舞台に登場させたのです。西郷にとって、斉彬は主従の主人であるとともに、子弟の師でもありました。

斉彬は江戸で生まれ、江戸で育ちました。大名の世子は幕府にとっての人質でもあるため、江戸在住と決められていました。滅多に江戸を離れられず、国へも簡単には帰れないという縛りがありました。

斉彬は一八三四（天保五）年に最初の国入りを果たし、このときが二度目の国入りでした。最初の国入りのとき、西郷はまだ八歳だったので、西郷に斉彬の記憶はありませんでした。二度目のお国入りが、西郷にとって初めて斉彬を認識したときでした。

ただ、西郷は身分上、斉彬を拝謁《はいえつ》することなどできませんでした。せいぜい遠くから斉彬の姿を拝むぐらいでしたが、相当強い感動を受けたことは間違いなかったでしょう。

斉彬は江戸を発つ前に、幕閣たちに次のように話しました。

「仏国の琉球国に対する要求は、仏国との交際と貿易、キリスト教の布教の許可の、三カ条である。この三カ条をすぐに拒絶してしまったら、国難を引き起こすことになるだろう。現状では、日本の軍備はとても心細い。いずれは戦うにしても、しばらく寛大な措置をもって時間を稼ぎ、軍備の充実を図る必要があるだろう」

いずれ戦うことになるかもしれないが、現在は少しでもその時期を延ばすべきだと割り切り、仏国に対応しようとしたのでした。

もともと琉球国は日中に両属する国ですが、公式としては中国だけの属国でした。もし、仏国が中国の許可を得て、交際と貿易と布教の自由を求めるのであれば、琉球王としては拒否することは難しくなるでしょう。そこで斉彬は、

「もしそういう事態になれば、日中両国の間で大変なことが起こるかもしれない。そうであれば、琉球王の権限で交際と貿易だけを許可し、キリスト教の布教は拒否させるというのが一番の良策ではないだろうか」

と提案しました。これを聞いた老中・阿部正弘は即座に了解し、許可しました。斉彬と阿部は親しい間柄だったのでした。

斉彬は薩摩に帰国すると、その翌日から矢継ぎ早に指示を出しました。まず、早舟を琉球在番の者に出し、老中の阿部に語った趣旨で処理するように命じました。

また緊急に備え、一隊の兵を山川港に待機させました。さらに、重臣らに本土海岸の防備をするように任じました。もちろん、斉彬自らも巡視をすることで部下を督励《とくれい》しました。

琉球国では、斉彬の指示に従って交渉を進めました。その結果、那覇港に碇泊《ていはく》していた三隻の仏国艦隊は、交渉内容に満足して帰っていったのです。こうして、斉彬は見事にこの難件を乗り切りました。

無事に危機を脱しましたが、斉彬はそこで気を緩めることはしませんでした。これを機会に、従来の藩の軍制を、洋式軍制を加味したものに編成し直しました。藩士たちも洋式で調練し、大砲・小銃の操練や発射訓練を重ねました。また、反射炉を設けて大砲の鋳造を開始し、四斤山砲《よんきんさんぽう》を造り始めました。

翌一八四七（弘化四）年二月に藩主の斉興は帰国していますが、斉彬は十月まで薩摩に留まり、一年四カ月もの長期間、難局における処理を適切に行っていたのでした。

斉彬の的確な指示と手腕に、年若い西郷ら精忠組の面々が感動しないわけがありませんでした。「稀世《きせい》の名君だ」と誰もが思ったはずです。すでに三十八歳だった斉彬が、藩主になる機は熟していたのでした。

幕末の志士・西郷隆盛の誕生

一八五四（安政元）年三月、島津斉彬は江戸・薩摩藩上屋敷に到着しました。薩摩藩上屋敷は現在の東京・港区三田にありました。

この年の正月二日、老中・阿部正弘から「参勤交代の時期を早め、至急国許を出発し上府してくるように」との命令が届きました。まさにその時期、米国艦隊のペリーが再び来航し、日米和親条約の締結を迫っていました。斉彬の手腕を評価していた阿部は、この局面をどう切り抜ければいいかを、斉彬に相談したかったのです。

斉彬は、急いで江戸に向かうことにしました。「正月二十一日を出発日とする」という触れを出し、随従の者の名前を発表しました。その中に、西郷隆盛の名もありました。実は西郷を随従者の中に加えたのは斉彬自身でした。斉彬は西郷のことが気になっていたのでした。

いよいよ出発の日を迎えました。城下から四キロ離れた水上坂《みずかみさか》を上ると、そこには島津家の茶屋がありました。この茶屋は、藩主が国入りと上府の際に体を休め、装束《しょうぞく》を改めるための場所で、斉彬はまずここに立ち寄り、旅装束に着替えました。

そのとき、茶屋の外に待機していた随従者たちを見た斉彬は、「西郷吉兵衛は、このあたり見えるところにはいないか」と侍臣《じしん》に尋ねました。斉彬はそれほど西郷のことが気になっていたのです。

西郷は後年、「自分が斉彬公に特別な待遇をいただいた理由がどこにあるかについてはよくわからない」と語り、「在藩中、よく意見書を出したことで、名を覚えていただいたのではあるまいか」と回想しています。

西郷は農民生活についての意見書を提出していました。いまは文書が失われているので内容はわかりませんが、この意見書がきっかけで斉彬は西郷の名を知ったのです。

一行が江戸へ着くとすぐ、西郷は斉彬のお庭方《にわかた》に任命されました。これは庭方の一切のことを取り締まる役です。

幕府にはお庭番という役目があり、八代将軍・吉宗以来、特別な任務が与えられていました。本家の人間が死に絶えてしまったため、紀州家からやって来て本家を継いだ吉宗は、多数の家来を引き連れてきていました。吉宗は連れてきた家来の一人の藪田《やぶた》助八をお庭番にし、自分の直属の「隠密《おんみつ》」としました。そのため、吉宗以後、幕府ではお庭番と言えば、庭園のことは名義だけで、直属の隠密ということになっていました。

西郷の家は、明治時代の軍制で言えば少尉か中尉クラスにあたりました。そのため藩主に対してお目見えの資格を持ってはいましたが、家格が下から三番目の御小姓組だったので、藩主が引見《いんけん》するわけにはいきませんでした。

そこで、斉彬は西郷をお庭方にして、庭を散歩するという名目で直接西郷と話ができるようにしました。場合によっては、縁に呼び上げて会うことも可能でした。斉彬は隠密として西郷をお庭方に任命したわけではなく、西郷の才能を見込んで、自ら教育しようと思ったからこそ、このようにお庭方の任を与えたのでした。

斉彬に目を掛けられ、お庭方に就いたところから、西郷の幕末の志士としての第一歩は始まりました。

江戸に着いた後の斉彬が、たまたま徳川御三家の一つである水戸家を訪問することがありました。水戸家の接待役として、当時から「英雄的名君」と言われていた水戸藩藩主・徳川斉昭《なりあき》の左右の腕と称せられ、「水戸の両田《りょうだ》」とも呼ばれていた藤田東湖《とうこ》と戸田蓬軒《ほうけん》の両氏が出てきました。

その際、斉彬は、「最近、国許で、西郷吉兵衛という家来を見つけた。軽い身分の者だが、なかなかの人物と私は見ている。君たち二人でよろしく教導《きょうどう》して、引き立ててくれるように」と話し、またこう言いました。

「この者（西郷）は英気あまりあって、人の命令に縛られず、これを逸脱して、自らの見識で行動する者であるから、私でなければ使いこなすことはできないだろう」

斉彬は人を見る確かな目を持っていました。後年の西郷の生き様を見ていくと、まさに西郷の性格にすべてが起因していると言えます。『南洲翁遺訓』に示された西郷の気質を、斉彬はすでに感じとっていたのでした。

藤田東湖と戸田蓬軒の二人が、斉彬がそこまでいう人物に興味を持たないはずはありませんでした。斉彬の話を聞きながら、西郷の人物像を思い描き、「ぜひお近づきになりたいものです」と二人は返答したのでした。

西郷の〝隠れ育成担当〟は藤田東湖

西郷が最初に藤田と出会ったのは、一八五四（安政元）年四月でした。いままでいう東京・水道橋の東京ドームあたりに水戸藩上屋敷があり、そこに西郷が藤田と戸田を訪ねたのです。

当時、この二人（藤田と戸田）の評判は大変なもので、諸国の志ある若者たちは江戸へ出てくる機会があるたびに、争ってツテを求め、二人の許《もと》に出入りし、彼らから薫陶《くんとう》を受けていました。

二人がもてはやされたのは、時節が追い風になっていたこともありました。彼らは、欧米列強に関心を持たれ始めた日本の未来について語ることができる知識と思考を持っていました。

こうした時代の到来を早くに予見した二人ですが、藩主・徳川斉昭に助言をして国防を充実させていました。この年の三月に日米和親条約が締結され、江戸中が騒然としていたときでした。

斉彬から特別な言葉を添えられていたこともあり、藤田と戸田は西郷を厚遇しました。藤田と戸田は西郷に対して大いにその才能に期待して会ったのでしょうが、黙り続ける姿は少し奇妙に映ったはずです。

藤田と戸田との初対面時、当の西郷は、自分の姓名を名乗っただけで終始黙っていたのでした。おそらく、仰望《ぎょうぼう》していた二人の話を聞きもらすまいと、必死に耳を傾けていたのでしょう。

西郷はその帰りに、同行した知人に対して、「（藤田）東湖先生はまるで山賊の親方のようだった」と言いました。薩摩から出てきたばかりの西郷にとって、豪放であり、雄弁でもあった藤田に、驚きと恐怖を感じていたのでした。

しかし同時に、藤田に対して魅力も感じていました。斉彬から「藤田の許に行くように」と言われていたこともあり、訪問を重ねるうちに、藤田に心酔していきました。

藤田もまた、何度も西郷と会っているうちに次第に西郷の人柄に惚れて、西郷を「偉丈夫《いじょうふ》」と呼んで可愛がりました。西郷の大きな体格だけでなく、心の器の大きさからも「偉丈夫」と表現していたのでしょう。

西郷は後年に至るまで藤田を尊敬して、「先輩として藤田東湖、同輩として越前の橋本左内《さない》、ともに私の最も尊敬した人である」と話していたほどでした。ここで斉彬を挙げないのは、これは彼において斉彬の存在が別格だったからでしょう。

西郷は藤田と会うたびに、社会に目覚め、世界の中で日本の置かれている位置を知り、日本の危機の状況を痛感しました。薩摩での郡方書役だった頃の西郷は、正義感にあふれ、良心的で、誠実でありながらも、純真な田舎の青年にすぎませんでした。

西郷を深い慈愛をもって育てようとしていた斉彬が、藤田に会いに行くように促したのも、社会的な情勢に目覚めさせるためでした。

ただし、純粋で、真面目な西郷は、藤田ら水戸学流の攘夷《じょうい》論を真正面に受け取ってしまった面がありました。この頃、母方の叔父椎原《しいはら》与右衛門、同権兵衛に宛てた手紙には、

「もし、水戸の老公が鞭を上げて異国船打ち払いに乗り出されるようなことがあれば、真っ先に馳せ参じ、戦場の埋め草になりたい」

と書いていて、攘夷論に傾倒していることがうかがえます。

一方、斉彬は単純な開国論者でもなければ、純粋な攘夷論者でもありませんでした。その当時、斉彬は洋学好みで、西洋の文物を研究していたことから、世間で「蘭癖《らんぺき》がある」と言われていました。それを気にした西郷が斉彬を諫《いさ》めたところ、斉彬から、

「古い考えに固執しているようでは、日本は立ち行かなくなる。採長補短《さいちょうほたん》ということを忘れてはいけない。西洋の文明は驚くべきものがある。いまのような国粋主義でいて、日本の存立が保てるだろうか。攘夷にせよ、開国にせよ、外国の事情をわきまえずに、どうして方針を決めることができるのか」

と逆にたしなめられてしまいました。斉彬は、日本がいまのまま開国するのはとても危険なので、国力をつけたうえで開国すべきだと考えていました。だからこそ、水戸学流の攘夷論に傾倒している西郷に水を差したのでした。

斉彬は西郷に、「水戸の老公は、その方どもが考えているほどのお人ではない」とも語っていました。徳川斉昭がとても賢明な人物であったことは事実ですが、それは藤田、戸田の二人の補佐のおかげが大きいと、斉彬は見抜いていました。

ただ、斉彬が認めて、教育していた西郷が、さらにその一段上の人物へと飛躍する要因となったのは、藤田東湖の許に出入りし、指導を受けるようになったからでした。そういった意味で藤田との出会いは、西郷にとって大変重要なものでした。

「薩摩に西郷あり」

一八五五（安政二）年九月、斉彬の愛妾《あいしょう》が男子を出産しました。哲丸と名づけられ、西郷の喜びも相当なものでした。

しかし、斉彬は自分の跡継ぎは久光の長男である壮之助（後に忠義《ただよし》。最後の薩摩藩主）を立て、壮之助の跡継ぎを哲丸にするというお触れを出しました。こうすることで、継嗣《けいし》争いを終結させ、全藩を団結させようという斉彬の意図がありました。

西郷は斉彬に対して、「ご家中の正義の心あるものも納得しないでしょう」と、跡継ぎに対する斉彬の考えに諫言《かんげん》しました。すると、いつにもまして斉彬は怒り、西郷を叱りつけました。

「時勢が時勢ゆえ、私は家中の不一致を恐れるのだ。こうした跡継ぎにすると、不平の気がある家臣の心を鎮め、家中を一致させることができるのだ」

斉彬は西郷に、現在大事なのは島津家の家督問題ではなく、日本国の前途を案じ、日本の危機を避けることだと語りました。これこそまさに、斉彬の大義でした。

一身一家を第一とせずに、日本国全体の命運を第一に考える斉彬の心に、西郷は心を大きく打たれ、同時に震えました。大義に生きる斉彬の魂に対して、私心にとらわれない強い意志を感じたからでした。

生涯、私心にとらわれまいと努力し続け、無私の心で生きようとした西郷は、この斉彬の考えに大いに感激し、深く傾倒していきました。

哲丸が生まれた翌月の十月二日、江戸に大地震が起こりました。これは死者二十万余という未曽有の大惨害になりました。この地震により、水戸の藤田と戸田が圧死したのでした。二人の死は、この時勢の中で日本の損失と言えるものでした。最も尊敬する先輩が亡くなり、西郷の悲嘆は非常に大きかったと想像できます。

斉彬は西郷を教育するために、頻繁に諸家へ西郷を使いとして出していました。同時に西郷のことを、先の水戸の藤田、戸田のときのように、越前藩の藩主・松平慶永《よしなが》（春嶽《しゅんがく》）へも、同様の言葉で紹介していたのでした。

斉彬の影響力は大変強く、西郷は天下の名士と呼ばれるようになりました。身分は士分に列する御小姓組と低く、お庭方という職務でありながら、「薩摩に西郷あり」という評判は、日に日に高くなっていきました。

その当時、日本という国の行く末を案じ、天下に目を向けていた人であれば、誰もが西郷という名を知るようになりました。後年、西郷が多くの人から信頼を得て、さまざまな場面で自由に活躍することができたのは、こうした背景があったからでした。

この時期に、幕府と薩摩との間に縁談が持ち上がりました。十三代将軍の家定《いえさだ》が虚弱で心許ないことを心配した老中・阿部正弘は、できるだけ早い世継ぎの誕生を熱望していました。そこで、阿部は親しい間柄の斉彬に相談したのです。

斉彬も将軍家と姻戚関係になるのも悪くないと考え、阿部と斉彬の間で縁談の合意が生まれました。斉彬は、一門で大隈加治木《おおすみかじき》城主である島津忠剛《ただたか》の娘篤子《あつこ》（後の篤姫《あつひめ》・天璋院《てんしょういん》）を斉彬の養女として、輿入れさせることにしました。まず、篤子を近衛《このえ》家の養女という名義にし、四年後の一八五六（安政三）年の暮れに、ようやく幕府に入輿させました。

実は、この輿入れについて最も働いたのが西郷でした。斉彬の命を受けて、大奥の女中たちとの交渉や、縁談が確定してからの輿入れの準備などは、主に西郷が行っていたのです。後年、西郷があの見かけによらず、金銀細工や漆器、高価な髪飾りなどの鑑別に長じていたのは、このときの経験によるものでした。

慶喜派として動いた将軍継嗣問題

篤姫が将軍家に輿入れをする少し前から、にわかに将軍の継嗣問題が起こりました。

斉彬をはじめ、越前の松平慶永、宇和島の伊達宗城《むねなり》、土佐の山内豊信《とよのぶ》（容堂《ようどう》）、上州安中の板倉勝明、そして老中の阿部正弘といった人々は、将軍職継承権のある御三家、御三卿《きょう》の中から一橋慶喜を次の将軍候補として選びました。

当時三十歳だった慶喜は、賢明と称される人物でした。慶喜の擁立は時勢において適切だと判断され、その賛成者は増えていきました。彼らが慶喜の擁立に動き出したのは、

「今日の急務は、日本が強くなることだ。そうでなければ、欧米列強の餌食になる。国力劣弱の東洋諸国はみな、餌食になってしまった。日本を強くするには、

政治の中心である幕府が強くなることだ。次の将軍は賢明であり、年も相当に長じている人を将軍世子とし、この人を将軍名代として天下の政治をとらせたい」という、国を憂える思いによるものでした。

この問題で、西郷は斉彬の命を受けて奔走しました。西郷が越前・松平慶永の家臣である橋本左内と知り合いになったのも、この問題を通じてでした。左内もまた慶永の指示を受けて奔走していました。

西郷は頻繁に左内と会ううちに、左内に敬服していきました。「先輩としては藤田東湖先生、同輩としては橋本左内先生、私が生涯の間に最も啓発されたのはこのご両人だ」と後年、西郷が述べたことには、すでに触れました。

結局、将軍には紀州家の当主であった徳川慶福《よしとみ》（後の家茂《いえしげ》）が選ばれました。一八五八（安政五）年当時、慶福はまだ十二歳でしたが、大奥の支持もあり、最終的には大老に就任した井伊直弼《なおすけ》が、慶福が将軍世子となることを決定しました。

慶喜擁立の運動を続けていた西郷は、こうした江戸の現状を伝えるため、一度薩摩に帰ることにしました。前年の一八五七（安政四）年に帰国して以来、斉彬は民政の安定と殖産興業の施策を推し進める一方、兵の装備の洋式化や軍艦の建造、砲台の増築など、兵制改革に力を注いでいました。

帰国した西郷はすぐに斉彬と謁見し、慶永の書簡を渡して中央の情勢について詳しく説明しました。斉彬は、将軍家に輿入れした篤姫からの知らせで一通りのことはわかっていましたが、幕府周辺の事態が急速に進んでいることに驚きを隠せませんでした。

その頃、譜代筆頭として大老に就任した井伊直弼は、大老としての大権を振おうとしていました。西郷は斉彬に、「諸藩の誰もが大老を恐れています。もはや尋常一様のことでは策はないかと存じます」と報告しました。

すると、斉彬は西郷の言葉に引っ掛かりを覚え、「尋常一様でない手段とは？」と西郷に尋ねます。西郷は、「京都方面のことをお考えくださいますよう」とだけ答えました。

これを聞いた斉彬は、「私もそれを考えていた。朝廷守護を名として兵を率いて上洛し、朝廷にお願いして幕府の制度改革の勅命《ちょくめい》（天皇からの命令）を下していただく。幕府が命を奉ずればそれでよし、もし奉ずることがなければ、兵をもって征伐するという策だ」と話し出しました。

これは、一種のクーデターでした。行き詰まった局面を打開するためには、これよりほかはないと思われました。西郷も心中にその策を思い浮かべてはいましたが、あまりにも思い切った策だったため、自ら口にすることをためらっていたのでした。

この数年後には、兵を率いて上洛し、朝廷を擁して幕府に臨むという策もそれほど思い切ったことではなくなっていました。しかし、この時点ではまだ突拍子もないことでした。ただ、西郷はこうした計画でも、斉彬であれば実行できるという思いがありました。

その自信の根拠には、①薩摩の国力の強さ、②斉彬の名君としての手腕が天下にとどろいていたこと、③朝廷方面への運動も抜かりなく行っていたため、天皇をはじめ公卿たちにも信望が厚かったことがありました。さらに、同志の大名が多く、幕府内にも川路聖謨《としあきら》、岩瀬忠震《ただなり》といった、優れた面々がいました。

計画を実行に移すための下地は、整っていました。斉彬は数日後、西郷に数通の手紙を託しました。計画実行のために、近衛家、筑前侯・黒田斉溥《なりひろ》（斉彬の大叔父にあたる）、松平慶永、川路聖謨といった同志たちに宛てたものでした。六月十八日、西郷は薩摩を出発して再び江戸を目指しました。

しかしながら、この計画は、斉彬の急死によって実現しませんでした。それでもこの計画は、薩摩人の心の中に受け継がれ、四年後に島津久光の引兵上洛となって表れることになるのでした。

戊午《ぼご》の密勅、そして安政の大獄へ

斉彬の朝廷方面への運動に関しては、そのほとんどを西郷が担っていました。近衛家に頻繁に出入りしていた西郷は、京都・東山にある清水寺成就院《じょうじゅいん》の元住職だった月照《げっしょう》とも親しくなっていました。

主君であった斉彬の突然の死に直面し、西郷は言葉では言い表せないほどの悲しみに暮れたと思います。しかし、当時は武士のたしなみとして、喜怒哀楽の情をあらわに出すことは、軽薄として卑《いや》しまれていました。それに西郷のあの風貌から、どれほど心を痛め悲嘆していたか、周囲の者が測り知ることは容易ではありませんでした。

しかし、西郷のことをよく知っていて、仏門の道にあった月照には、西郷の悲しみが手に取るようにわかりました。

「人の命には定めがあり、どうにもならないものです。あなたは殿のお供をしたいと考えているかもしれませんが、それを殿は決して喜んではいないでしょう。殿のお志はあなたがよくご存じのはずです。そのお志を継いで、日本を立て直すことこそが、あなたが殿のご恩に報いるためにできる一番のことだと思いますよ」

月照はそう言って、斉彬の後を追って死のうとしていた西郷を諭したのでした。西郷は、「確かにその通りだ」と思い直し、悲嘆の中から奮い立つ気持ちを取り戻しました。

それ以後、西郷は薩摩へは帰らず、京都と江戸とを往来して幕政の改革運動を続けました。斉彬が考えていたことは、一橋慶喜を将軍にし、幕府の政治を改革し、日本を強化することで、外交の危機を乗り越えることでした。

これらを成し遂げるには当然、井伊直弼を大老職から辞職させることも含まれていました。西郷の運動は、すべて斉彬の志に沿ったものでした。

当時、朝廷では、幕府に勅命を下して、大老の井伊を辞めさせようとする動きがありました。

勅命を得ずに米国と日米修好通商条約を締結したことが発端でした。朝廷は、「御三家か老中のうち一人を上洛させて説明せよ」と要求しましたが、井伊はこれに応じなかったばかりか、露・英・仏の三国とも米国と同様な手続きで条約を締結したのでした。

侮辱され、怒りに火がついた朝廷は、「井伊を排斥し、新しい幕府の政治組織を要求する」という勅命を幕府に下すことにしました。

三条家の当主・三条実万《さねつむ》は、幕府への勅命と同時に、尊王《そんのう》攘夷派の中心であった水戸藩に対しても勅命を下すことを考えました。朝廷から、将軍の臣下である藩に対して勅命を下すことは、幕府の立場を無視することになりますし、これまでこうした勅命が下されたことはありませんでした。

そこで、勅命を下すことを決める前に、水戸藩にその勅命が受けられる状態なのかを打診する方法を考えました。その任は西郷に任され、西郷は内勅《ないちょく》（天皇からの内々の命令）を携えて水戸へと向かいました。

水戸藩の家老・安島帯刀《あじまたてわき》は、西郷の内勅を見て、「藩内が混乱している現状で、このようなものは受け取れない」と断りました。西郷は打診が断られたため、月照を通じて内勅を近衛家に返納しました。

ところが、西郷のあずかり知らないところで事態は動き続けていました。近衛家と三条家は、水戸藩士の鵜飼吉左衛門を通じて、水戸藩の様子を聞いていたのです。西郷が内勅を返納したことに対しては、「道理である」と思いながらも、歴代尊王を藩是とする水戸藩がそう簡単に怖気《おじけ》づくことはないと思っていました。

そこで、西郷が江戸に戻ってきた八月七日には勅命を下すことを決定し、翌八月八日に勅書（勅命が書かれた文書）を伝達しました。これが「戊午の密勅」と言われる勅書で、密勅（秘密の勅命）とされているのは関白・九条尚忠の裁可を受けず、正式な手続きを踏んでいないことによるものでした。

この密勅を見て驚愕したのは、安島帯刀でした。打診に来た西郷に「受け取れない」と断ったはずで、こうした勅書を受け取れば、幕府からの圧迫はさらに強まることが予想されました。

しかし、一旦下された勅書を押し返すこともできません。皇室尊重は時代の思想であり、光圀以来、連綿《れんめん》とこれを藩是としてきた水戸藩は、勅書を受け入れるほかありませんでした。

水戸藩がこの密勅を受け取った日から一日遅れで、幕府にも密勅が到着しました。しかもその勅書には、関白の九条より添え書きがつけられていました。関白の九条は幕府びいきの人物だったので、「このようなことを言っているが、別にご心配には及ばない」と、この勅書の内容を取り消すようなことを書いていたのでした。

この勅書を見た大老・井伊の怒りは、相当なものでした。幕府は水戸藩に対して勅書を返納するよう求めました。しかし、水戸の藩論は、幕府に従って返納するか勅を奉じて邁進するかで真っ二つに割れ、収拾がつかなくなっていくのでした。

西郷は江戸に留まり形勢を探っていましたが、勅書が水戸藩に下されたことを聞き、とても驚きました。わざわざ打診に水戸藩へ出向いた西郷でしたが、その打診の意味がまったくなかったかのような現状に、「いったい何のために私は遣わされたのか」と思い、京都の近衛家や三条家に対して、怒りに震えていたのでした。

しかし、すでに勅書が下された以上、できるだけこれを活かす工夫をするよりほかはないと、西郷は冷静に判断してもいました。

一八五八（安政五）年九月から翌年にかけて、井伊直弼の安政の大獄が始まりました。「戊午の密勅」の内容に従って、勅書を他家へ伝達することを厳しく禁止したために、水戸藩はますます混乱を深めていきました。

また幕府は、目をつけていた浪人の志士たちの検挙を一斉に始め、ここから尊王攘夷派への弾圧が一気に厳しさを増していきました。

薩摩藩は、「薩摩に西郷あり」とまで言われるようになった西郷を育てた島津斉彬が急死し、新藩主・忠義の国父として実権を握った島津久光の時代になりました。西郷の「切所の時代」が始まったのです。

第2部　第2章

西郷隆盛・「叛逆者」から幕末の「英雄」へ・後編

幕末の志士から維新の元勲、叛乱者まで隆盛の人生を鳥瞰する②

前途を悲観、夜半に竜ヶ水沖で入水自殺

一八五八年（安政五年）六月、大老・伊井直弼《なおすけ》は徳川慶福を将軍の世嗣《よつぎ》に決定し、十四代将軍家茂を誕生させました。七月には幕法に違反した水戸藩前藩主の徳川斉昭らに謹慎などの処分をいきなり下したのでした。

大老・直弼の一橋派に対する反撃が開始されたのでした。直弼のこうした政治姿勢に、孝明《こうめい》天皇は大いに反発し、八月に先ほど触れた「戊午の密勅」が出されました。この事態に、直弼らは勅諚の降下を画策した者を、老中を京都に出向かせ、探索し、首謀者を逮捕させました。

その後、宮家・公家の家臣、尊王攘夷の志士、水戸藩士らを捕縛、処罰する空前の大弾圧が始まりました。後に言う「安政の大獄」が始まったのでした。

安政の大獄により、清水寺成就院の元住職で隠居僧だった月照にも、幕府方の追っ手が迫りました。月照は西郷にとって、維新という理想を目指す同志、親友であり、師でもありました。

月照はとても誠実かつ勤勉な性格の持ち主で、仏道一途に生きてきた僧侶でした。しかし、世の中の激しい変化を見るにつけ、国の政治に関心を持ち、のめり込んでいきました。近衛家や堂上《どうじょう》家と親しくしていたため、志士と堂上家との橋渡しの役目を果たすことが多くなっていました。

そのため、月照は勤王僧として有志者の間では有名な僧侶でした。月照は一八五四（安政元）年で四十二歳になり、弟の信海《しんかい》に住職を譲って隠居しましたが、これは国の政治に専心するためでした。

月照は近衛家とも親しかったので、近衛家を通じて西郷とも親交を深めていきました。そもそも島津家と近衛家とは島津の始祖・忠久《ただひさ》以来の近しい間柄でした。

幕府の追っ手が迫るなか、月照から西郷のもとに、「近衛家まで来てくれないか」と使いがやって来ました。西郷が早速出かけると、近衛家で待機していた忠《ただ》熙《ひろ》から、月照の守護を頼まれたのです。

忠熙が確かな筋から聞いた話によると、月照に幕府の嫌疑がかかり、召し捕ろうとされているということでした。忠熙は、「奈良の縁あるところに月照の身を隠させたいので、無事に送り届けてほしい」と懇願しました。西郷は、「月照は同志で、多大な恩義もある。どんなに困難なことであっても、これは引き受けなければならない」と決意しました。

西郷は月照とともにまずは伏見へ向かいましたが、伏見にいることが幕府に知られてしまいました。そこですぐに大坂に立ち、大坂から船で下関へ向かいました。西郷は月照の身の安全を考えて、薩摩へ連れて帰ろうと考えました。

まずは西郷だけが下関から薩摩へ帰り、ご隠居の島津斉興に月照の庇護を嘆願しました。しかし、斉彬の死後から三カ月が経った薩摩藩はすっかり変わっていました。幕府との余計な摩擦を恐れ、誰も西郷の味方になってくれなかったのです。

月照は大宰府に潜伏していましたが、平野国臣《くにおみ》の力を借りて何とか薩摩入りを果たし、西郷と合流することができました。しかし月照に対し、藩庁から、「市中の柳ノ辻の使者宿・田原助次郎方へ移れ」という命令が下りました。

この使者宿である田原屋というのは、他国から来た高級な賓客《ひんきゃく》を泊める旅館でした。ここに泊めるということは藩として厚遇はするつもりだったのでしょう。

月照ら一行は田原屋に移りましたが、そこは厳しい監視態勢が敷かれていました。外周には厳重な番人がつき、面会は一切許されず、また旅人に変装した番人が泊まりこんでいました。もちろん、外部との連絡は一切禁じられていました。

西郷はこの状況を知るととても驚き、藩庁に対して月照に会わせてくれるように頼みました。さらに重臣らを歴訪して、月照を安全に保護してくれるよう猛烈に嘆願しました。

しかし、最終的には、薩摩藩は月照を庇護《ひご》できないとして、藩内追放と日向《ひゅうが》（今の宮崎県）送りを命じました。当時、日向送りを命じられたということは、暗に薩摩と日向の藩境を越えたところで斬って殺すということを意味していました。藩の判断に対し、西郷は激しい怒りを感じました。「島津家の実力と、この広い領地があって、なぜ庇護できないというのか。そもそも庇護する意志がないからにほかならないだろう」と、西郷は思わずにはいられませんでした。

夜の闇にまぎれて日向に向かう船上で、月照と西郷は「もはや、これまで」と覚悟を決めました。西郷は同志を見捨てて一人で死なせることを潔しとせず、自らも命を絶つ決意をしていました。

船の上で酒宴を開き、互いに酒を酌み交わしました。そして、手を取り合って、錦江湾《きんこうわん》に身を投げました。

月照は溺死しましたが、西郷は地元の漁師に発見され助け上げられたのです。西郷は大量の水を飲み意識不明に陥っていましたが、まだ三十一歳と若かったせいか、奇跡的に蘇生し、一命を取り留めたのでした。

志を同じくする者と死の覚悟を決めたが、結果として自分だけが生き残ってしまった――。薩摩武士にとって、これは死ぬことよりも辛く、耐え難い恥辱でした。西郷家ではしばらくの間、西郷の目の届くところからすべての刃物を隠したといわれています。

辱《はずかし》めを受けて耐える一念は、人にとって最も難しいことです。しかし、それでもなお耐え忍ぶときに、人は他に生かされていることを自然と感じるようになります。これが、仏教の行「六波羅蜜《ろくはらみつ》」にある「忍辱《にんにく》」という教えでした。

西郷がこの辛苦をどう克服したのかはわかりませんが、葛藤の末に辱めを忍び、生きる道を選んだのでした。

生き延びた西郷、奄美大島で潜居

衰弱から回復せず、臥床《がしょう》を続けていた西郷ですが、日を追うごとに少しずつ回復していきました。

普段から物静かな西郷ですが、この頃より一層寡黙になりました。死に損なった自分が恥ずかしくてたまらず、月照のことを思い起こすと、もはや消えてなくなりたい気持ちでした。

これ以降の西郷の手紙には、「土中の死骨」という言葉がたびたび出てきます。西郷は、自らを一度は死んだ人間であり、土中の死骨に等しいと自虐的に書いていました。

その一方で、なぜ自分だけが生き残ったのか、その理由を考えていました。生き残ったのは、天の意志であり、私は天の意志に従って生きていくべきではないのか……。「敬天愛人《けいてんあいじん》」という言葉は、後に西郷の好きな言葉となりますが、「敬天」の精神はおそらくこのときから彼の心に芽生えていたのでしょう。

若い頃は西郷のことが嫌いだった犬養毅《いぬかいつよし》ですが、晩年、最も熱心な西郷崇拝者に変わっています。西郷の人格に一大飛躍をもたらしたのはこの入水事件であると、犬養は自身がまとめた西郷の伝記で指摘しています。

西郷がこれまでに読書や人と会うなかで得た学び、幼い頃から身につけてきた教養や武士道、政治上の運動を通して備わった天下のことを見据える視点といったものが、このときすべて重なり合い、西郷という人物をより大きな器の者へと変貌させていったのです。

一八五八（安政五）年十二月に入ると、藩庁は西郷に対し、「菊池源吾と改名し、奄美大島に潜居しているように」と申し渡しました。これは、罪人としての遠島を意味しているのではありませんでした。幕府が西郷を追及していることもあり、幕府の目から隠すことが目的で、流罪ではないので西郷には年六石の扶持が付きました。

実際、西郷は「戊午の密勅」に関わっていたことから、井伊大老の「安政の大獄」の弾圧対象に入っていました。逮捕されていたら、橋本左内や吉田松陰らのように死罪となっていたはずでした。

藩庁としては西郷に対し、別段愛情を持っていませんでしたが、西郷は先君・斉彬の寵臣《ちょうしん》で、各藩の有力者とのつながりがありました。すでに名士として名の知られていた西郷を処断すると、藩としての印象が悪くなる可能性があり、そういった判断があっての温情的な処置でした。

西郷は藩庁の申し渡しに対して、「ありがたくお受けいたします」と答えました。ただ、藩庁の西郷への申し渡しを聞いた大久保は、西郷に次のように提案しています。

「大島行きはやめたほうがいいのではないか。肥後に逃れて、長岡監物《ながおかけんもつ》殿に頼んで匿ってもらったらどうだろう。天下の情勢を知るためには、大島のような離れたところにいてはどうにもならないぞ」

ところが、西郷はこの提案を断ったのです。

「大久保さんの言うことには道理がある。しかし、私のいまの身でそのようなことをするのは、悪あがきだと思う。私は自分の身をすべて運命に任せようと思っているのだ」

静かにそう告げた西郷は、言葉にならない雰囲気を漂わせていました。それはある種の境地に達した人だけが持つ、静かであっても独特の強さがあらわれたものでした。西郷のそうした様子に、大久保はそれ以上のことは言えませんでした。

一八五九（安政六）年一月、西郷は奄美大島に向かうことになりました。西郷は奄美大島の名瀬《なぜ》を経て、一月十二日に龍郷《たつごう》に到着しました。最初は島の有力者である龍左民《りゅうさたみ》の屋敷に身を寄せますが、しばらくすると空き家を借りて、自炊生活を始めました。

西郷はすぐに島になじめたわけではありませんでした。島民たちは当初、西郷のことを敬遠し、西郷もまた島の風俗に戸惑い、島民たちとはなかなか情を交わすことができませんでした。

しかし、西郷は次第に島の生活に慣れてくると、龍左民からの依頼で村の子どもたちに読み書きなどを教えるようになりました。すると自然と島民たちとも親しくなっていきました。

その頃、西郷は龍佐栄志《りゅうさえし》の娘・於戸間金《おとまがね》を島妻《あんご》としました。この女性が愛加那《あいかな》で、「愛」の字は西郷が名乗らせました。

翌一八六〇（万延元）年、愛加那は長男の菊次郎を出産しました。菊次郎は後に、京都市長になる人物に育ちます。さらに、長女の菊草《きくそう》（菊子）をもうけた年に、藩からの扶持米が十二石に加増されました。

島の生活も長くなってくると、西郷は島民のために、藩に対してさまざまな訴えを行うようになりました。

その当時、奄美大島の島民は、薩摩藩から厳しい年貢を課されていました。しかも、既定の年貢を納められなかった者は牢に拘束し、藩の役人が拷問を加えていました。苦しい島民の生活を見た西郷は、何とかしようと動き出したのです。まず、名瀬の在番である相良角兵衛《さがらかくべえ》に、拘束されている島民の釈放を願い出ました。しかし、相良は西郷の申し出に耳を貸しませんでした。西郷は見聞役であった木場伝内《こばでんない》に事の次第を伝え、島民の拘束を解かせました。この一件で島民の西郷への尊敬の念はさらに深まりました。

帰藩した後も、西郷は奄美大島のことを気にかけ続けました。実際、西郷は島民の待遇改善や適正な代官の選出などを藩に訴えていたのでした。

西郷が奄美大島の生活に慣れてきた頃、江戸では激震が走りました。大老・井伊直弼が暗殺された「桜田門外の変」が起こったのでした。

久光と西郷の確執、そして西郷は沖永良部島《おきのえらぶじま》へ

島津斉彬の死後、新藩主・忠義の国父として実権を握った島津久光は、大久保利通ら「精忠組」の懐柔に乗り出しました。

当時、精忠組の面々は脱藩蜂起《ほうき》を計画していましたが、久光は精忠組を懐柔し、その計画を頓挫《とんざ》させました。また、大久保も久光に近づくことで藩政に食い込んでいこうとしました。

このような情勢下で持ち上がったのが、薩摩の京都への出兵計画でした。久光は、この出兵によって自身の存在感を国内に示そうと考えました。そこで、大久保の強い勧めもあり、中央政界に広く知られている西郷を帰藩させることにしました。

奄美大島に潜居し始めて三年目の一八六二（文久二）年二月十一日、西郷は薩摩に帰りました。

ところが、久光の思いとは裏腹に、西郷は京都への出兵計画に真っ向から反対したのでした。なぜ久光の計画に反対したのか。一つにはお由良騒動の中心人物であるお由良の子＝久光に対して、嫌悪感を抱いていたことが挙げられます。

さらに、斉彬もかつて率兵上洛を計画していましたが、それを果たすことはできませんでした。深く尊敬していた斉彬と同じことが、ジゴロ（薩摩の方言で田舎者のこと）である久光にできるわけがないと思ったのでした。

面と向かって猛反対された久光が、西郷に対して強い不快感と怒りを覚えたのは当然でしょう。久光と西郷の確執はこのときから始まりました。

西郷の反対を撥《は》ね除《の》けた久光は、率兵上洛の計画を実行に移しました。大久保に説得された西郷も、東上（西の地方から東方の都に行くこと）に同行することになりました。西郷は村田新八をともない、下関に留まりました。これは久光から、そこで兵団の到着を待つように言われたからでした。

しかし西郷は、ここで驚くべき情報を耳にしました。平野国臣によれば、薩摩の率兵上洛を機に、尊王攘夷派の志士たちが幕府びいきの公卿や京都所司代を襲撃し、反幕攘夷の兵を挙げる計画を進めているというのです。

久光の目的は、朝廷と雄藩の主導による幕政改革と公武合体の推進ですが、西郷はそこまでの武力行使をするつもりはありませんでした。西郷は、京の状況を案じました。志士たちの計画を聞いて何もせずにはいられなかった西郷は、この計画を止めるために、久光の待機命令を無視して村田新八らと急いで大坂へ向かいました。

この行動が、久光の逆鱗に触れました。「西郷が上方の志士を扇動している」という有村俊斎らの報告もあり、久光は西郷の身柄を拘束しました。

そして西郷を薩摩に送還した後、徳之島へ遠島処分としました。今回の遠島処分は流刑のため、西郷は罪人として扱われ、自由のない代官の監視下で過ごさなければなりませんでした。西郷は奄美大島から戻ったわずか四カ月後に、再び流人になってしまったのでした。

徳之島で処分を待っていたとき、西郷のもとに、奄美大島の愛加那が子どもたちを連れて訪ねてきました。愛する家族との束の間の再会を西郷は心から喜びました。

それから間もなく、西郷に対して沖永良部島への遠島が決定しました。久光の家老への書簡には、「死罪を申しつけたきほどの事に候えども、一等を減じ一生返さぬ流罪に決し申し候」と書かれていました。久光は西郷を二度と許すつもりはなく、その怒りはすさまじいものでした。

一方、西郷もまた奄美大島の頃の友人・木場伝内に、「馬鹿らしき忠義立ては取り止め申し候」と書き送っていました。両者の対立は決定的となり、関係の修復は不可能で、以降、相容れることはありませんでした。

沖永良部島に送られた西郷は、和泊村《わどまりむら》にて入牢となりました。牢は四畳半ぐらいの吹きさらしで、そこに昼夜閉じ込められました。雨は横殴り、便所は牢の中にただ穴を掘って丸太が二本通してあるだけで、風呂は月に一回だけという、すさまじい異臭が漂う凄惨《せいさん》極まる仕打ちを受けたのでした。当然、食事も粗末で、西郷はみるみるうちに痩せ細っていきました。

あまりに痩せ細り、いまにも死にそうだった西郷は、島民たちの献身的な世話のおかげで何とか命を永らえました。惨状を見かねた島の役人・土持政照《つちもちまさてる》は代官に頼み込み、在番所に獄舎の新築を進言しました。こうしてようやく西郷は、雨が吹き込まない座敷牢に移ることになりました。

屋内の座敷牢で過ごすようになった西郷は、書家の川口雪篷《せっぽう》と知り合い、彼から書と漢詩の指導を受けるようになりました。また、西郷は島民たちの学問の師にもなり、教え子から書物を借りては貪るように読んで過ごしました。

西郷は、島の子どもたちに「四書五経」を中心に中国の古典を読んで教えていました。あるとき、集まった子どもたちに、「一家が仲睦まじく暮らすためにはどうすればよいか」と問いかけたところ、非常に勉強熱心な子どもがすかさず答えました。

「君に忠義、親に孝行、夫婦仲睦まじく、兄弟仲良くし、友達は互いに助け合えばよいと思います」

これは、儒教にある「五倫五常《ごりんごじょう》」になぞらえた答えでした。それがさっと出てくるのですから、立派なものです。ところが、西郷はこう言いました。

「確かにそうだ。君の言うように、五倫五常の道をもって説明するのは間違いではない。しかし、この教えはただの看板である。実際にそれらを行うのは大変難しいことだろう。誰もが直ちに実行できる方法がある。それは何であるか」

誰も答えられませんでした。

「それは、欲から離れることだ」

西郷はそう一言答えたのでした。

一人ひとりが過剰な欲を捨てさえすれば、すべてがうまくいくものです。すべて欲が多すぎるために起きている問題だから、少しでも損をする覚悟をすれば、他人に譲り与える勇気があれば、すべてのことがうまくいく。たったこの一点だけなのです。

欲を離れること、誠を尽くすこと、人を愛すること。つまり、後に西郷の座右の銘となる「敬天愛人」の思想の源流は、ここにあったのです。入水自殺を試み、沖永良部島の牢獄に押し込められて再び命の危機に直面し、これらの苦難を乗り越える過程で、西郷が全身全霊をもって体得し、思いを深めて、完成させたものでした。

一連の過酷な試練に加え、沖永良部島での凄惨な体験が、西郷の志、勇気、無私の心を確固たるものとし、何事にも揺らぐことのない固い信念を持つ人間に育てたのです。それほどの体験が加味されているからこそ、「敬天愛人」の思想は私たちの心を打つ教えとなったのです。

西郷が赦されて薩摩に戻るのは、それから五年後のことでした。その後、西郷は、維新の実現に向けて邁進していきました。

「旧体制」の改革を志した島津久光

一八六二（文久二）年三月十六日、島津久光は側近の小松帯刀や大久保利通とともに、約千人の兵を率いて薩摩を出発しました。京都に着いたのは、四月十六日。そして、前の項目で触れた西郷の身柄が拘束されたのは、久光着京の直前の四月九日でした。同月十一日には、西郷は大坂から流刑者として薩摩に向かっていました。

久光は朝廷に働きかけ、建白書を提出、孝明天皇よりその内容を踏まえた勅書《ちょくしょ》が下されます。五月九日、薩摩単独で勅使の大原重徳《しげとみ》を護衛しながら江戸に向かい、幕府に対して一橋慶喜を将軍後見職にして、松平慶永を政事総裁職に任命することを認めさせました。

これがいわゆる、朝廷から幕府へ改革の指示が出される形となった「文久の改革」でした。この有名な決定は、西郷の意見を完全に無視して行われたのです。

久光は江戸へ向かう直前に、寺田屋に集まっていた「精忠組」の過激派であった有馬新七《ありましんしち》ら薩摩藩士を何とか抑えようとしました。久光と精忠組との関係は、久光が国父《こくふ》となってしばらく後に、久光が精忠組を取り込むことから始まりました。

久光は、大久保などを側近として抜擢しました。また、精忠組の主張する「突出」に代わり、幕府改革を企図した出兵を実行に移すと約束したのです。それが、このたびの出兵でした。

しかし、精忠組の中でも有馬ら過激派は、真木保臣《まきやすおみ》、清河八郎《きよかわはちろう》ら諸国の尊王攘夷派志士らと連携し、孝明天皇奪還計画などに加わっていました。

久光は、四月二十三日に、奈良原喜八郎《ならはらきはちろう》（繁《しげる》）らを寺田屋に派遣しましたが、有馬らは一向に説得に応じませんでした。結局、藩士同士、精忠組同士の壮絶な斬り合いになり、過激派志士八名が死亡しました。

久光がこのような粛清《しゅくせい》をした背景には、精忠組の過激派が久光と大久保の公武合体論に期待したからではなく、奄美大島から戻った西郷に期待を寄せたからでした。その期待の大きさがまた、久光による西郷流刑の判断にもなったのでした。精忠組の八人の考えは一様ではなく、「開国」派もいれば、「攘夷」派もいました。ただし、西郷の基本軸は「尊王」なので、それが開国とセットにされようと、攘夷と結びつこうとかまわないという政治姿勢が、精忠組の面々が期待を寄せていた理由でした。

この粛清事件は、後に「寺田屋騒動」と呼ばれます。精忠組の結束は、このときに事実上崩壊しました。藩内の過激派をほぼ一掃した久光は、藩論を公武合体に統一することができたのでした。

久光は「文久の改革」による幕政改革に一定の成果を挙げ、同年八月に薩摩へ帰郷していきました。

その頃、朝廷は土佐藩や長州藩の「尊皇攘夷」論に傾いていました。久光の幕政改革が薩摩藩の単独の軍事力で行われたことに対する両藩の反発でした。流刑に処せられた西郷の「合従連衡《がっしょうれんこう》」論のほうが正しかったのでした。

朝廷をめぐる薩摩藩と長州藩、土佐藩の対立は、「開国」か「攘夷」をめぐるものでした。この点でも、久光や大久保と西郷の意見は対立していました。

実は、久光や大久保の公武合体論は、一八六二（文久二）年時点では、まったく時代遅れのものでした。四年前の「安政の大獄」以前の理論であり、幕府がこれほど弱体化してしまっている状況では通用しませんでした。

久光が国元に帰る途中の同じく八月二十一日、生麦《なまむぎ》村で事件が起きました。騎馬の英国人たちが行列を乱したとして藩士たちが斬りかかり、そのうち一人を殺してしまった「生麦事件」です。

英国代理公使のニールは、犯人の引き渡しと賠償金の支払いを薩摩に要求しました。しかし、これを薩摩は断固拒否したことで、薩摩と英国が衝突、一八六三

（文久三）年七月に薩英戦争《さつえいせんそう》が勃発しました。

ところが、この戦争は英国側の猛攻撃によってわずか三日で終了したのでした。藩内の和平論の高まりにより、薩摩は賠償金の支払いを承諾しました。また、犯人は見つけ次第処刑すると約束して、和平を結びました。この戦争を起点にして、薩摩藩は英国との関わりを深め、軍艦購入の斡旋や留学生の派遣などが行われました。

さて、この時期、十四代将軍だった徳川家茂は、御三家の紀州の出で、暗殺された井伊直弼が強引に推挙して将軍になった人物でした。その家茂に、繰り返しになりますが、久光は一橋慶喜を将軍後見職に、松平慶永を政事総裁職《せいじそうさいしょく》に任命することを認めさせました。

しかし、その久光自身も、薩摩藩のために、藩主後見職と、政事総裁職を任命するべきでした。徳川幕藩体制の中で、徳川幕府のみが崩壊していたわけではなく、藩という存在もまた各藩それぞれの違いはあるものの、崩壊期に入っていたからです。

愚鈍な将軍や強引な大老と暗愚な大名の存在は、崩壊期の象徴であり、「旧体制」の象徴でした。「旧体制」を守るために、「旧体制」の改革を志す人物と、「新体制」を目指す変革者は、初めの歩調は一緒でも、次第に考えの違いがあらわになっていきました。

久光は暗愚な大名ではありませんでしたが、賢明な斉彬とは比較のしようがありません。しかし、そんな久光でさえ、直感的に西郷は、現状の体制を否定する「変革者」に見えたはずです。それが久光による五年余りに及ぶ西郷の流刑の真相だったのではないでしょうか。

久光の挫折

西郷が沖永良部島で流人生活を送っていた頃、国内では尊王攘夷運動がさらに活発化していました。特に、外国船に砲撃を行うなど過激な攘夷活動を行っていた長州藩が影響力を高めていました。

京都では三条実美《さねとみ》ら尊攘派の公卿や、長州藩士の久坂玄瑞《くさかげんずい》、久留米藩士の真木保臣など攘夷思想者が権力を握るようになっていました。彼らは天皇による攘夷親政（大和行幸《やまとぎょうこう》）を画策したり、倒幕まで視野に入れた過激な活動を展開していました。

こうした過激派の活動を踏まえ、薩摩藩は会津藩と手を結び、一八六三（文久三）年八月十八日に政変を起こしました。

孝明天皇は攘夷主義者でしたが、あまりにも急進的な長州藩よりも、穏健で公武合体派の会津藩や薩摩藩に期待していました。そこで、会津藩と薩摩藩は、朝廷から尊攘派を一掃することを考えました。その承諾を得るため、中川宮朝彦親《なかがわのみやあさひこしん》王《のう》、賀陽宮《かやのみや》朝彦親王を通して孝明天皇の説得を試みたのでした。

こうして八月十七日に承諾の密命を受け、翌十八日、薩摩・会津藩兵が御所の門における守りを固め、中川宮と会津藩主・松平容保《かたもり》、近衛忠熙、二条斉敬《なりゆき》、近衛忠房《ただふさ》らによって御所会議が開かれました。この会議により、尊攘派が計画していた「大和行幸」は延期となりました。また、尊攘派公卿の参内・外出が禁止され、長州藩の堺町《さかいまち》御門警備《ごもんけいび》の解任なども決まりました。

三条ら七人の尊攘派公卿は失脚し、長州へ落ち延びる（七卿落ち）ことになり、長州藩兵も京都にいられなくなりました。薩摩藩は、長州勢と尊攘派公家らを京都から一掃することに成功したのでした。

しかし、攘夷論に賛同せず開国派だった薩摩藩の京都・大坂における評判はすこぶる悪いものでした。八月十八日の政変を成功させはしたものの、薩摩藩は中央の政治に大きな影響力を持つまでには至りませんでした。

久光は、一八六二（文久二）年三月から翌年九月にかけての約一年半の間に、三度も京都に上っていました。一八六三（文久三）年の上京は、規模においても滞京期間においても、最大規模のものでした。大砲隊まで加えた薩摩藩兵約千七百名が半年間にわたり京都に駐屯していました。

久光はこの軍事力を背景に、一八六三（文久三）年から一八六四（元治元）年にかけて朝廷、幕府、有力大名の合議体制構築の試みとして、「元治国是会議《げんじこくぜかいぎ》」を開きました。

この会議のために、将軍後見職の慶喜、将軍家茂も上洛しました。随行していた幕府の三老中は、この会議が天皇の意向を踏まえつつも、久光の影響下にあると見ていました。

ところが、有力大名の国政参画といっても、出席したのは薩摩、越前、宇和島の三藩のみで、参与に任命された土佐藩の山内容堂は一度も会議に出席しませんでした。会議が失敗した原因は、会議を制度化できなかったことと、軍事力を背景にした薩摩が一藩だけ突出していたことでした。

また、会議の失敗は、久光の工作の挫折でもありました。この挫折によって、久光が考えた公武合体論は脆くも崩れてしまいました。そして、久光はこれに代わる政策ビジョンを描くことができませんでした。

西郷、ついに奔《はし》る

「元治国是会議」の失敗によって、薩摩藩内では中央政治に顔がきいた西郷隆盛を呼び戻そうという声が次第に高まっていきました。その高まる声に抗しきれず、久光もついに西郷の赦免を決めました。

一八六四（元治元）年二月二十一日、吉井友実と西郷の弟・従道が西郷を迎えに、沖永良部島にやって来ました。沖永良部島を出た西郷は翌日に奄美大島に立ち寄り、妻子と束の間の時を過ごし、二十六日に出発しました。西郷が愛加那と会ったのはこれが最後でした。

同月二十八日、西郷はようやく薩摩に帰還を果たしました。帰郷するとすぐに、島津斉彬の墓参りを済ませました。西郷の足腰は長い囚人生活で弱っていたため、這いずりながらの墓参りでした。

それからすぐに薩摩を出て、三月十四日には京都に到着しました。その四日後には久光に謁見して、軍賦役《ぐんふえき》兼諸藩応援係に任ぜられたのでした。四月十八日、久光は薩摩に帰っていきました。こうして島から戻って二カ月後には、西郷は京都における薩摩藩の実質的な代表者になりました。

西郷は島での流刑生活を送るなかで、大久保利通らと頻繁に情報のやり取りをしていました。天下の形勢に関われなくなっていましたが、もう一度、国の政治に奔走《ほんそう》したいという強い思いがありました。勇躍する気持ちを抑えながら、薩摩藩の責任者としての第一歩を踏み出したことでしょう。

藩政復帰後にまず西郷が行ったのが、薩摩藩の世評を回復させることでした。他藩の目をうかがい、政界への強引な干渉は控えるようにしたのです。長州藩との関係改善についても策を練っていました。

しかし、そうした良い流れを断ち切る大事件が起こります。西郷が藩政に復帰してから間もない六月五日、池田屋事件が起こったのです。これにより、京都の尊王攘夷派はさらなる弾圧を受けることになりました。池田屋事件で多くの藩士を失った長州藩は激高し、抗議するために京都へ出兵しました。

西郷はこうした長州藩の動きを静観していましたが、七月に禁門の変が起こりました。薩摩藩は大垣藩、会津藩、越前藩などとともに討伐軍に加わり、長州藩の鎮圧にあたりました。蛤《はまぐり》御門《ごもん》付近において長州藩は会津藩と死闘を繰り広げますが、西郷が指揮官として率いた薩摩藩の軍勢が加勢すると、長州藩は敗走しました。

この戦いによって、薩摩藩と長州藩との亀裂は決定的になりました。長州藩では「薩奸会賊《さつぞくあいかん》」と呼んで、薩摩藩と会津藩を憎むようになっていったのでした。

禁門の変の際、御所にまで攻め寄せた長州藩は朝敵となり、幕府は長州征伐を決めました。一八六四（元治元）年七月二十三日に長州征討《せいとう》の勅許を得て、翌日には追討令を出し、諸藩に出兵の命が下りました。銃弾で負傷するほどの奮戦を見せた西郷は、征長軍の参謀に任命されました。

長州藩は前年の一八六三（文久三）年に、下関で米国商船を砲撃したことで諸外国との関係が悪化していました。砲撃の報復として、八月五日から三日間、英仏蘭米の四カ国連合艦隊の攻撃を受けて完敗したため、征伐軍である幕府軍と戦う力が残っていませんでした。

これは長州征伐を狙う幕府にとって絶好の機会でしたが、幕府はなかなか行動に移そうとしませんでした。参謀に任命された西郷は征長に積極的で、苛烈な処罰を望んでいましたが、ある人物との出会いにより、その思想は大きく変わっていくことになりました。その人物こそが勝海舟でした。

勝海舟との出会いと第一次長州征伐

長州征伐を始めない幕府に対し、不満を募らせていた西郷は、一八六四（元治元）年九月十一日に神戸海軍操練所頭取を務める幕府の重臣・勝海舟と会談することになりました。

会談は、大坂で行われました。ここで西郷は勝から、現在の幕府の内情を詳しく知ることになりました。当時、薩摩藩は長州征伐の総督に一橋慶喜を推薦していました。しかし、慶喜が発言力を強めることを嫌がった老中たちが、慶喜の総督任命を拒否しました。こうした内輪揉めが原因で、いまだ長州征伐が開始に至っていなかったのでした。

勝の率直な話を聞いた西郷は、「国家の一大事にそんなことをしていたとは……」と最初は呆れたと思いますが、そこから幕府への不信感が一気に増し、その思いは失望へと変わっていきました。

勝はこのとき、「幕府はもう当てにならない。力を持っている雄藩が将軍と協力して国家を運営するべきだ」という自らの思想を語っていました。その後、西郷はこの勝の提案に興味関心を持ったのでした。

西郷はこの会談で勝という人物を大変尊敬し、「長州征伐するしかない」と頑《かたく》なになっていた思想を改めていきました。そして、勝もまた西郷という人物に器の大きさを感じ、高く評価しました。

勝海舟との会談以降、西郷は土佐藩の脱藩浪人である坂本龍馬、中岡慎太郎と頻繁に会うようになりました。彼らとの親交を深めるうちに、次第に「討幕」という考えが西郷の頭に入っていくことになりました。

関係が冷え切っていた長州藩と同盟を結ぶことになるのも、彼らとの出会いがきっかけでした。西郷には、その後の討幕への道のりがはっきりと見えてきていました。

ちなみに、坂本龍馬が西郷と初めて会ったとき、龍馬は勝にその印象をこう話しました。

「西郷というやつは、わからぬやつでした。釣り鐘にたとえると、小さく叩けば小さく響き、大きく叩けば大きく響く。もし馬鹿なら大きな馬鹿で、利口なら大きな利口だろうと思います」

龍馬もまた、西郷という人物から特別なものを感じたのでした。

ところで、一八六四（元治元）年の長州藩の内情はどうだったのでしょうか。当時、長州藩では幕府への恭順を望む「俗論派」と、徹底抗戦を望む「正義派」の真っ二つに分かれ、勢力争いを繰り広げていました。「正義派」には、木戸孝允、井上馨、高杉晋作、伊藤博文などが集っていました。

勝海舟との会談後、西郷は長州藩に対して武力による征伐ではなく、穏便な処罰で済ませたいと考えていました。そこで、「俗論派」を支援することで戦いを避けられないかと思案し、長州藩の支藩だった岩国領に高崎五六《ごろく》を派遣したのです。高崎は西郷の命を受けて、岩国領主・吉川経幹《きっかわつねまさ》に謁見し、長州藩に謝罪し、恭順させることができないか交渉し始めました。

その頃、幕府軍は同年十月二十二日に大坂城で軍議を開き、攻撃の日程を決めていました。十月二十四日、西郷は幕府軍の総督・徳川慶勝《よしかつ》に謁見しました。そこで長州藩の恭順策を進言したところ、採用されたのでした。

早速岩国に向かった西郷は、十一月三日に吉川経幹と会談し、禁門の変の責任者である長州藩の家老三名と参謀四名の処罰を条件に、長州藩への攻撃を猶予すると伝えました。派閥が分かれていた長州藩では議論が紛糾しましたが、最終的には俗論派に藩論がまとまりました。こうして家老らが処刑され、開戦は回避されました。

続いて西郷は、長州藩の戦後処理に奔走します。徳川慶勝は、「長州藩主・毛利父子の謝罪文書の提出」「五卿の引き渡し」「山口城の破却」を条件に、幕府軍の撤兵を認めました。謝罪文書の提出と山口城の破却は速やかに行われましたが、反対勢力の抵抗により、五卿の引き渡しだけがなかなか行われませんでした。

西郷は反対勢力を説得するために、十二月四日に小倉を訪れました。このとき西郷を訪ねてきたのが、中岡慎太郎でした。中岡は当初、西郷を殺害するつもりで来たのですが、西郷の語る思想に大変共感し、自らの考えを改め、西郷に対して反対勢力説得のために協力することを約束しました。

十二月十一日、下関を訪れた西郷は長州藩士・高杉晋作や山県有朋《やまがたありとも》と会談しました。西郷の必死の説得によって、「五卿を下関から筑前に移す」という妥協案で同意を得ることができました。

その後、長州藩では正義派が挙兵し、俗論派は一掃されました。十二月二十七日、幕府軍が撤兵すると、翌一八六五（慶応元）年一月に五卿の筑前への移送が約束通り行われ、長州征伐は決着を迎えたのでした。

龍馬の計らいにより「薩長提携六カ条の密約」締結

長州征伐が間もなく始まろうとしていた一八六四（元治元）年十月頃、坂本龍馬は窮地に立たされていました。当時、龍馬は神戸海軍操練所の塾頭を務めていましたが、操練所の塾生が池田屋事件や禁門の変に関与していたことが発覚し、操練所頭取の勝に江戸から召還命令が届いたのでした。そのため、「操練所は閉鎖されるのでは？」という噂が立ち始めていました。

龍馬は土佐藩を脱藩していたため、操練所が閉鎖されると居場所がなくなってしまいます。他の塾生たちも龍馬と同様の者が数多くいました。彼らの行く末を案じた勝は、江戸に発つ前に薩摩藩の家老・小松帯刀に会い、塾生たちの保護を頼み込みました。

薩摩藩は海軍の専門知識を持っている塾生たちの力を借りて、薩英戦争に敗れた薩摩海軍の立て直しを図ろうと考えました。こうして両者の利害は一致し、薩摩藩は三十名の塾生を迎え入れました。龍馬も一緒に薩摩藩の庇護を受けることとなり、薩摩藩の大坂屋敷に匿われることになりました。

薩摩藩と龍馬をはじめとする塾生たちの関係は、そこから良好に続きました。そのため、後に龍馬が長崎で亀山社中《かめやましゃちゅう》を設立する際にも、薩摩藩は龍馬に援助をしています。

この時期の西郷ですが、プライベートでは大きな変化がありました。一八六五（慶応元）年一月二十八日、家老座書役・岩山八太郎直温《なおあつ》の次女・糸子《いと》と三度目の結婚をしました。

実は愛加那との結婚は二度目で、一度目は一八五二（嘉永五）年、二十五歳のときに伊集院兼寛《いじゅういんかねひろ》の姉と結婚したのですが、西郷のあまりの貧窮を見かねた妻の実家の申し出により、二年後には離婚していたのでした。

三度目の結婚から四カ月後の五月、西郷は大久保と力を合わせて、幕府が意欲を示す長州再征に反対し、出兵拒否の藩論にまとめました。幕府は先の長州征伐で成立した撤兵の条件を受け入れず、兵を率いて上京しようとしていました。

この時期、西郷は幕府との対決も覚悟していたようでした。その当時、小松帯刀に宛てた書簡には、「幕府の滅亡の時は近い」と書かれていました。

薩摩に戻っていた西郷のもとに、中岡慎太郎が訪れました。この頃の中岡は、雄藩の力を結集して討幕することを望んでおり、その目的を達成するためには、薩摩藩と長州藩の和解が必要だと考えていました。

中岡は和解の足掛かりとして、下関で長州藩の桂小五郎（後の木戸孝允）と会談するよう西郷に頼み込みました。同じ頃、中岡の同志・坂本龍馬も長州側の説得を試みていました。龍馬は桂小五郎を必死に説得し、やっとの思いで西郷との会談を承諾させたのでした。

五月十五日、会談場所である下関に向かう桂でしたが、西郷は下関に立ち寄らずそのまま京へと向かいました。大久保からの知らせを受け、幕府の長州再征を止めるための行動でしたが、桂は面子を潰されたことになり、大いに怒りました。

龍馬と中岡が必死に桂をなだめた結果、桂から会談をするための二つの条件が出されました。一つは、面子を潰した薩摩側から使者を出して和解を申し込む形を取ること。もう一つは、朝敵となった長州は外国商人と取引ができず、武器の調達に困っていたので、薩摩の名義で外国商人と武器の取引をできるようにすることでした。

龍馬は亀山社中を結成し、その組織の力で、薩長の関係修復を目指すことにしました。龍馬は薩摩名義で英国のグラバー商会と取引を行い、銃や軍艦などの武器を購入し、亀山社中を介して長州藩に密かに納入しました。

その後、西郷は時期を見て長州に使者を送りました。二つの約束を守ったことにより、長州の薩摩に対する態度が軟化し、再度、会談を行うことが決まったのです。

一八六六（慶応二）年一月八日、ついに薩長和解について話し合いの場が設けられました。

会談は京都・二本松の薩摩藩邸で行われ、長州藩からは桂小五郎、品川弥二郎、三好重臣《しげおみ》らが参加し、薩摩藩からは西郷と小松帯刀が中心となり、大久保利通や桂久武《ひさたけ》、吉井友実、奈良原繁らも同席しました。

西郷たちは連日酒宴を開き、桂たちを丁重にもてなしましたが、肝心の和解案については誰一人として口にせず、進展がないまま十日以上が過ぎました。薩長どちらも面子にこだわり、自分たちから和解を持ちかけることを嫌がったからでした。

この膠着を打開したのは、坂本龍馬でした。龍馬は一月二十日に薩摩藩邸に到着しましたが、いまだに和解が成立していないことに驚きました。こちらから和解を切り出すのは、薩摩に援助を求めることになってしまうので、そんなことはできない」と答えました。龍馬は、「薩長の和解は日本国のためで、私情にこだわらないでほしい」と言い、西郷や大久保に長州の事情を説明して薩摩から和解を切り出すよう説得したのです。

桂に事情を聞くと、「長州は朝廷を敵にして孤立している。

西郷はこの提案を承諾し、薩摩藩から長州藩に同盟を申し入れることになりました。一月二十一日、西郷と小松、桂らは小松帯刀邸に和解場所を移し、六カ条からなる薩長同盟を締結しました。その場には、龍馬も立会人として同席していました。

この同盟締結によって、幕末の政治情勢は急展開を見せ、いよいよ新体制を目指す変革者たちの維新が始まりました。

幕府の第二次長州征伐に対抗する薩摩藩

薩長同盟が締結された後、西郷は久光に藩政改革と陸海軍の拡張を提言し、承諾を得ました。西郷や小松帯刀、桂久武らによって藩政改革は進められ、新しい人材の登用や英国式の部隊編制の導入などが行われました。

また、この時期、英国留学から帰国したばかりの五代友厚《ごだいともあつ》が、藩の会計係に就任しました。五代は明治期に政商として活躍し、特に大阪商工会議所を通じて大阪の経済を大きく成長させた人物として広く知られています。

薩摩藩は寸暇《すんか》を惜しむかのように、着実に、急速にその力を蓄えていきました。

一方で、幕府は長州の再征伐に向け、ついに動き出しました。一八六五（慶応元）年九月二十二日、将軍・家茂は六万人の大軍を率いて上京し、再征伐の勅命を得ました。その際、幕府は、薩摩藩にも出兵を命じてきました。

しかし、すでに長州藩との間に密約を結んでいた薩摩藩は、一八六六（慶応二）年四月、幕府に出兵拒絶書を提出し、正式に出兵を拒否したのでした。

薩摩藩の出兵拒否により、第二次長州征伐は延期になるかとも思われましたが、意外にも同年六月七日、幕府軍は長州征伐を開始しました。約十万人の大軍勢が四方面から長州藩になだれ込みました。

迎え撃つ長州軍の軍勢は、たった約三千五百人にすぎませんでした。数の上では幕府軍に比べ明らかに劣勢でしたが、長州軍は薩摩藩と亀山社中の協力によって最新鋭の兵器を揃え、士気も高くありました。特に、高杉晋作が創設し、山県有朋が鍛えた武士以外の兵士による奇兵隊《きへいたい》は、意気軒昂としていました。

これに対して幕府軍の武装は旧式で、諸藩は嫌々ながら出兵していたので、戦闘に対する意欲は著しく低いものでした。このため長州軍は各地で幕府軍に勝利を重ねていきました。

そんな中、幕府軍にとって不運なことが起こりました。七月二十日、十四代将軍の徳川家茂が急死したのでした。幕府は家茂の死を隠して戦いを続けていましたが、八月一日に小倉が陥落するとついに攻撃を断念しました。

朝廷に休戦の勅命を発してもらい、九月二日、小倉口以外の戦場では休戦が成立し、翌一八六七（慶応三）年一月には、小倉口での戦いも終結しました。

第二次長州征伐の最中に将軍・家茂が急死したため、一橋慶喜が徳川宗家を継ぎました。ところが慶喜は将軍への就任を固辞し続け、家茂の死から四カ月以上が経った一八六六（慶応二）年十二月五日にようやく十五代将軍となりました。

慶喜が将軍に就いて二十日後の十二月二十五日に、孝明天皇が急死してしまいました。後継者となる睦仁《むつひと》親王（後の明治天皇）は、このときまだ十六歳でした。

第二次長州征伐の休戦、その直接的な理由は将軍・家茂の急死でしたが、長州藩の抵抗はすさまじく、それまでの戦いは長州藩有利で進んでいました。その戦況分析から見ても、この長州征伐は大きな失敗でした。

第二次長州征伐の失敗は、幕府を決定的に追い詰めました。幕府の力が弱ったところで、一八六七（慶応三）年、薩摩藩は有力藩の実力者四人による四侯会議《しこうかいぎ》を設置して、幕府より優位に立とうとしました。その四侯とは、土佐藩・山内容堂、越前藩・松平春嶽、薩摩藩・島津久光、宇和島藩・伊達宗城《むねなり》の四人で、五月に開催されましたが、議論をするもまとまらず、四侯会議は結局のところ失敗に終わりました。

その一方で薩摩藩は、西郷を中心に倒幕の準備を進めていました。まずは、同年五月に武力討幕派の土佐藩・乾退助《いぬいたいすけ》（後の板垣退助）と会談し、討幕の密約（薩《さつ》土《ど》密約）を結び、六月には長州藩の山県有朋に倒幕の決意を告げて、薩長連合の誓約を結びました。

一八六七（慶応三）年九月、久光の四男・珍彦《うずひこ》が薩摩藩兵千人を率いて大坂に到着しました。西郷は武力討幕を決定路線と考え、挙兵の準備を整えていたのでした。これを機に一気に時代は討幕へと流れていきましたが、その中心にいたのは、ほかでもない西郷でした。

このとき西郷は四十歳。貧困に苦労した青年期を経て、入水自殺に二度の島流し、そこから天下のために走り続けた西郷の三十代は、まさに激動の十年でした。西郷の死まであと十年、ここからさらなる歴史の激流に西郷は呑み込まれていくのでした。

第2部　第3章

西郷隆盛・維新の「英雄」から「叛逆者」へ

幕末の志士から維新の元勲、叛乱者まで隆盛の人生を鳥瞰する③

王政復古の大号令から鳥羽伏見の戦い

第3章では、王政復古の大号令から戊辰戦争を経て、明治維新を成功させ、維新最大の功労者である西郷隆盛が廃藩置県を断行し、征韓論に敗れ、そして西南戦争で自決するまでの生き様を追います。

まず、ここで述べておきたいのは、西郷にとっての「明治維新」の完成は、一八七一（明治四）年に「廃藩置県」を断行したことを意味するということです。廃藩置県を、西郷は一貫した倒幕の到達点であると位置づけていました。廃藩置県までの流れを簡単に言うと、戊辰戦争における官軍勝利は、一八七一年二月の三藩献兵による御親兵《ごしんぺい》の創設につながっています。そして、御親兵の創設は、その前年の一八七〇（明治三）年十二月に、西郷が岩倉具視と大久保利通に提案したものでした。この御親兵の創設を前提に廃藩置県を断行しました。

廃藩置県によって、徳川幕府と明治国家との決定的な違いが生まれました。それまでの領主が領地と領民と家臣をもって一種の独立王国として治める封建制度は、十二世紀末の鎌倉時代から七百年近く続いてきましたが、廃藩置県によりそれは一瞬にして廃され、ここから日本は中央集権国家として歩み出したのでした。

第3章を読み解く鍵は、この廃藩置県にあります。廃藩置県の前と後では、明治という国家は大きく様変わりします。このことを念頭に置いて読んでいただければと思います。


世の中には、急進派と保守派という両極が存在し、その間を揺れ動く中間派があります。一八六七（慶応三）年九月の時点で見ますと、保守派は徳川幕府であり、十五代将軍の徳川慶喜でした。一方、急進派は、武力倒幕を目指す西郷を中心とした薩摩と長州でした。そして、中間派は土佐藩で、坂本龍馬、後藤象二郎、藩主の山内容堂でした。また、越前の松平春嶽も中間派でした。

薩長同盟は、急進派と中間派の協力によって誕生しました。その後、欧米列強が日本につけ入る隙となる内戦の回避を第一と考えた中間派は、保守派に協力しました。それが同年九月に土佐藩が出した「大政奉還建白書」でしたが、西郷の武力倒幕の路線はこの建白によって変わることはありませんでした。

十月十四日、大久保利通と長州の広沢真臣《ひろさわまさおみ》は岩倉具視の周旋によって、正親町《おおぎまち》三条邸で「討幕の密勅」を受け取りました。この密勅により、薩摩と長州はついに討幕の正当性を得たのでした。

ところが、密勅が下った同日、慶喜は明治天皇に大政奉還を奏上し、政権を朝廷に返上したのです。大政奉還が成されたことで、討幕派はその正当な理由を失いました。そこで、薩長は慶喜が征夷大将軍の位にあることを責めるべく軍事行動を始めました。しかし、この動きを察知した慶喜は、十月二十四日に征夷大将軍の辞職を願い出ました。

大政奉還後の新政権の体制は、諸侯会議によって定められることになりました。

政権と将軍位を返上してはいましたが、慶喜や親徳川派の公家らの発言力は強いままだったため、この状態で諸侯会議を開催しても、慶喜を中心とした親徳川政権になってしまい、いままでと大差ないことが予想されました。

そこで、西郷や岩倉らの討幕派はこの流れを断ち切るため、朝廷から親徳川派を一掃する決断をします。計画を実行するために、薩摩藩と長州藩、芸州藩《げいしゅうはん》（広島藩）は出兵協定を結んだのです。十一月の薩摩藩の出兵はこの協定に基づくもので、長州藩からも藩兵が大坂に向かい、芸州藩もこれに同調しました。

十二月九日、薩摩藩ら討幕派の兵は御所を囲みました。ここで岩倉が参内し、明治天皇の臨席のもと「王政復古の大号令」が下されました。この決定で、西郷ら討幕派は新政権下における主導権を握ったのでした。

この会議の主な議題は、慶喜の辞官納地《じかんのうち》でした。慶喜の持つ四百万石の領地を召し上げ、これを新政府の財源にしようとしたのです。また、慶喜が政権返上後も持っていた軍事力も奪おうとしていました。

徳川家に好意的だった山内容堂は、会議に慶喜が参加していないことに抗議し、松平春嶽もそれに同調しました。しかし、岩倉や大久保はこの要求をはねつけ、休憩を挟むことになりました。そして、会議の再会後、岩倉は懐に小刀を隠し持ち、気迫で容堂の発言を封じてしまいました。

一方、西郷は江戸に浪士を集め、あえて江戸の街中で暴れさせました。この行為に怒った庄内藩は、幕臣・小栗忠順《おぐりただまさ》の許諾を得て薩摩藩邸を焼き討ちにしました。この事件により旧幕府軍は倒薩の意思を固めました。西郷が考えた武力討幕の名目を得るための巧妙な策に、旧幕府軍は見事はまってしまったのでした。

これにより、旧幕府軍と新政府の戦いは避けられなくなり、戊辰戦争へと突入しました。慶喜は新政府に参加するため、戦争の回避を望みましたが、幕府軍の動きは止まりませんでした。戦端を開きたかった薩摩藩が仕掛ける挑発に乗り、一八六八（慶応四）年一月三日、鳥羽・伏見の戦いが勃発しました。

この日、慶喜出兵の報告を受け、朝廷では緊急会議を召集しました。ここで大久保は、「錦の御旗《みはた》と徳川征討の布告が必要」と主張しました。一方で松平春嶽は、「薩摩藩と旧幕府勢力の私闘として政府は無関係を決め込むべき」と反対しました。会議は紛糾しましたが、議定《ぎじょう》である岩倉が徳川征討に賛成し、戦いは決しました。

西郷は、「鳥羽一発の砲声は、百万の味方を得たよりも嬉しかりし」と喜びました。

その後、慶喜は戦場となった京阪地域から、味方に黙って江戸へ向かいました。そうすることで、新政府に逆らわないという恭順の姿勢を示し続けました。

しかし、戦火は東北、北陸、蝦夷地（北海道）へと拡大していきました。西郷は薩摩藩兵とともに動き、一八六八（慶応四）年には東征大総督府下参謀《とうせいだいそうとくふかさんぼう》に任命されました。

戊辰戦争はその後、薩摩藩、長州藩、土佐藩らを中心とした新政府軍が、旧幕府勢力および奥羽越列藩同盟《おううえつれっぱんどうめい》と戦い、一八六九（明治二）年五月の五稜郭《ごりょうかく》の開城まで続きました。

江戸城無血開城

鳥羽伏見の戦いで、戦いの途中で江戸へ逃げ帰った徳川慶喜は朝敵となりました。一八六八（慶応四）年一月七日、新政府は徳川慶喜追討令を発したのでした。一月十二日に江戸城に入った慶喜は、二十三日には会計総裁・大久保一翁《いちおう》と陸軍総裁・勝海舟を徳川家の事実上の指揮官に据えて、恭順策を実行することにしました。

また、慶喜は江戸城大奥の総責任者であった天璋院（篤姫）を通じて、新政府や大総督府に対し、自らの助命と徳川家存続の歎願《たんがん》を出しました。

新政府軍は江戸への進撃を東海道、東山道、北陸道の三道からとしました。江戸城攻撃の日は三月十五日と決定され、二月十五日に東征軍は京都を出発しました。

江戸城に向けて進軍していた東征軍でしたが、慶喜の意を受けた幕府軍の精鋭隊頭・山岡鉄舟《やまおかてっしゅう》（鉄太郎）が、駿府の大総督府にやって来ることになりました。三月九日、山岡は西郷と会いました。この会談で、東征軍の西郷から徳川家へ開戦回避のための条件が示されました。

西郷が山岡へ提示した七カ条

一、徳川慶喜の身柄を備前藩に預けること。

二、江戸城を明け渡すこと。

三、軍艦をすべて引き渡すこと。

四、武器をすべて引き渡すこと。

五、城内の家臣は向島に移って謹慎すること。

六、徳川慶喜の暴挙を補佐した人物を厳しく調査し、処罰すること。

七、暴発の徒が手に余る場合、官軍が鎮圧すること。

山岡は七カ条のうち六カ条の受け入れを示しましたが、最初の第一条だけは絶対に受け入れられないとして拒否しました。「これは朝命である」と主張し続ける西郷に、山岡は、「ともに主君に仕える身。もし、あなたが島津の殿様を他藩に預けろと言われたら承知するか」と問いかけました。その一言に西郷も折れて、第一条は西郷が預かることで保留になりました。

そして、三月十三日から十四日に、江戸開城交渉は、徳川家側の最高責任者である勝・大久保一翁と、西郷との間で行われました。十三日に高輪の薩摩藩邸で、十四日に田町の橋本屋で、二回にわたって話し合われました。

勝は七カ条に対する対案を提示しました。「慶喜の謹慎処分はぜひ水戸でされたい」といい、ほかも全体として寛大な処分を要求しました。すでに官軍による江戸城包囲網は完成しつつあり、勝は勝で会談決裂という最悪の事態に備え、江戸焦土作戦の準備をしていました。

西郷は勝・大久保を信頼し、翌日十五日の江戸城進撃の中止を決め、回答を京都へ持ち帰ると約束しました。第一条については、幾つかの会議を経て、四月四日に大総督府と徳川宗家との間で最終合意がなされたのです。これにより、慶喜は死罪にすべきところを許され、一段階低い刑にされ、水戸での蟄居が決まりました。

この背景には、江戸を含む関東での世直し一揆が激化したことと、英駐日公使パークスによる圧力の影響も反映されていました。

こうして江戸城は無血開城され、大総督府がこれを接収しました。しかし、慶喜の処分に不満を持った彰義隊《しょうぎたい》は挙兵し、上野戦争が起こりました。西郷は、最激戦区の黒門口に配置された薩摩兵の陣頭指揮をとりました。この戦いによって、彰義隊は全滅しました。

最後に、英国のパークスによる圧力について簡単に触れます。パークスは、欧州全土を荒らしたナポレオンでさえ処刑されずに流刑になった事例を出し、恭順・

謹慎している慶喜を攻撃するのは、万国公法に反するとして激怒しました。

この怒りを伝え聞いた西郷は、三月二十八日に横浜にパークスを訪問し、事の経緯と新政権の方針を説明することで納得してもらいました。その前日には、勝もパークスを訪問していました。徳川家が反抗せずに、新政府に絶対恭順するのであれば、多くの寛典《かんてん》を与えるというのは新政府の方針でもあったのでした。

ひ弱な維新政府の迷走

王政復古の大号令から鳥羽・伏見の戦いの間に維新政府は、議会を上院にあたる「議定」と下院にあたる「参与」の二院制にしました。

議定には、親王、公家に加えて、松平春嶽、島津茂久、徳川慶勝《よしかつ》（尾張藩・藩主）、山内容堂などの藩主も加わっていました。「参与」には、岩倉具視らの中下層公卿、尾張、越前、安芸《あき》、土佐、薩摩の五藩の家臣が三名ずつ任命されました。

ただし、「参与」については、一介の藩士と同等に扱われた中下層の公卿から批判が相次ぎ、中下層公卿による「上参与」と各藩の藩士による「下参与」に分かれてしまいました。

議会がこのような構成になると、大久保利通や後藤象二郎らの影響力は議院内では限られたものになりました。この状況を打破したのが、上京してきた薩摩藩、長州藩、土佐藩、芸州藩の藩兵でした。一八六八（慶応四）年一月二十七日の新帝による薩長芸土四藩兵の観兵式によって、藩士たちの発言力は急速に高まりました。まさに、官軍が形成されたのでした。

時間が前後しますが、議定では、越前藩と土佐藩主流派は、将軍職返上の処分に留め、徳川藩を新政権に加えることで、旧幕府と薩長の正面衝突を回避させようとしました。越前藩と土佐藩主流派は、徳川藩を含めた全国大藩の「議事」の開催を考えていました。

しかし、この構想を実現化しようとする越前藩や土佐藩の思惑とは別に、鳥羽・

伏見の戦いが始まってしまいました。こうして開明派と呼ばれる藩主ら中間派の人々は、維新政府から去っていったのでした。

一八六九（明治二）年五月の五稜郭の開城によって、戊辰戦争は終わりましたが、戦争の終結とともに官軍も消えてしまいました。官軍とは言っても、薩摩藩、長州藩、土佐藩の藩兵は〝借り物〟だったからでした。

同年六月以降、維新政府は軍事力もなく、支持基盤は旧幕府・徳川家の四百石のみというひ弱な天皇の政府でした。軍事力もなく、公議輿論もなしに、約二百三十藩に分かれた日本を治めることは不可能に近いことでした。

そこで、同年五月、維新政府は公議所・集議院を開くことにしました。ここで審議された議題は、維新政府の陸海軍事費の各藩の分担金についてでした。原案では、たとえば十万石の藩で十八パーセントにあたる一万八千石を維新政府に納めるという案でした。

この案に真っ向から反対したのが薩摩藩です。しかも、反対の弁を述べたのは、西郷の軍事面での右腕である伊地知正治《いじちまさはる》でした。ほかにも、土佐藩の板垣退助、谷干城《たにかんじょう》、片岡健吉《かたおかけんきち》なども反対の弁を展開しました。

また、全国約二百三十藩の代表を集めての公議所・集議院は、驚くほど保守的でした。そのため、四民平等や文明開化のための施策はほとんどすべて否決されてしまいました。たとえば、「士農工商の身分にかかわらず、姓名を用いるべき」という原案は否決され、武士だけが姓名を用いる修正案が通ったのです。

戊辰戦争には勝利したものの、これでは何のために倒幕し、明治維新を迎えたのか、疑問に思われる迷走を、維新政府は続けていました。

明治維新の最大の功労者である西郷は、中央政府の要職に就かず、薩摩藩兵とともに薩摩に帰藩しました。一八六八(明治元)年十一月に薩摩に帰った西郷は、入湯と狩猟の日々を過ごしました。

西郷の心の中は、忸怩たる思いでいっぱいでした。薩摩藩兵は薩摩藩のもので維新政権のものではなく、これは幕府を倒しても変わらない。官軍として薩摩藩兵を率いて、幕府を倒した後は、また薩摩藩兵と一緒に薩摩に帰る。藩兵たちには、官軍の意識はない。西郷は、「本当の明治維新はまだ誕生していない」という思いでした。

薩摩に帰った西郷は、藩主・島津忠義からの直接の要請もあり、一八六九（明治二）年二月、参政・一代寄合になりました。藩政の改革や常備隊の設置などを精力的に行い、戊辰戦争で功がありながらわずかな恩賞しか与えられず、不満が爆発しそうな下級武士たちをなだめていました。

同年五月に入り、五稜郭の戦いの応援のため、西郷は藩兵を率いて薩摩を出帆《しゅっぱん》しました。しかし、函館に着いたときにはすでに戦いは終わっていたため、再び薩摩に戻ることになりました。

その帰路の六月、東京に立ち寄った際、王政復古の功により、賞典禄《しょうてんろく》永世二千石を下賜され、維新政府への残留の命を受けました。しかし、西郷はどちらも断り、藩兵と一緒に薩摩に帰ったのです。さらにその後、正三位に叙せられたものの、やはり位階返上の案文を書いて断りました。

断った理由は、「賞典禄を死んだ者たちがもらわず、自分がもらうのはおかしい」と考えたからでした。

一八七〇（明治三）年一月、西郷は薩摩藩の参政を辞め、相談役になりました。七月にはその職を辞し、執務役になっていました。同年七月、薩摩藩士で集議院徴士の横山安武（森有礼《もりありのり》の実兄）が、時勢非難の諫言書を太政官正院の門に投じ、自刃しました。

これに大きな衝撃を受けた西郷は、九月に薩摩出身の心ある軍人・役人だけでも薩摩に帰らせようと使者を派遣しました。これは、役人の驕奢《きょうしゃ》によって、維新政府から人心が離れ、薩摩人がその悪弊に染まることを危惧したからでした。

十二月、こうした対応をとった西郷に危機感を持った維新政府から勅使・岩倉具視《ともみ》、副使・大久保利通が、西郷の出仕を促すために薩摩にやって来ました。西郷との交渉は難航しましたが、欧州視察から帰国した西郷従道の説得もあり、西郷は岩倉、大久保を助けるために上京することを承諾しました。

この話し合いで、西郷は親兵設置を提案しました。その後、一八七一（明治四）年二月八日、薩摩藩、長州藩、土佐藩を説得し、西郷、大久保、木戸孝允、山県有朋、板垣退助らは東京にて会談し、御親兵の創設を決めました。同十三日には薩摩藩、長州藩、土佐藩の兵を徴し、御親兵に編成する旨の命令が出されたのでした。

この御親兵設置によって、維新政府は初めて自前の軍事力を持つことができました。約七千の御親兵の設置は、「明治国家」が本格的にスタートするための第一歩となりました。

廃藩置県の大改革を断行

戊辰戦争が勝利で終わり、本格的に内治の充実を考えた維新政府は、一八六九（明治二）年六月十七日、版籍奉還《はんせきほうかん》を敢行しました。土地と人民は藩から政府へと、所轄が変わりました。

この実施で、藩主は知藩事《ちはんじ》（藩知事ともいう）と命名され、引き続き旧領の統治に当たりました。版籍奉還は名目的な変更であり、維新政府にとっては実質を伴っていませんでした。政府は藩体制をなし崩し的に変えることで政府の力を高めようとしていたのですが、この時点で土地・人民を支配していたのは知藩事でした。

維新政府は幕府を倒し、王政復古、版籍奉還によって、天皇中心の立憲君主国家を目指しましたが、軍事や徴税を握る藩の力は強く、封建体制から完全に脱するには、藩を廃止する必要がありました。


廃藩の必要性が日増しに高まるなか、大久保利通は廃藩置県を進めるために、西郷隆盛と木戸孝允の力を借りることを決めます。一八七一（明治四）年四月に上京した西郷は薩長土三藩から御親兵を供出させ、これを維新政府軍としました。この軍事力を背景に、廃藩置県を断行しようとしたのでした。

当初は、薩長両藩の間でひそかに進められていたのですが、次第に土佐藩、佐賀藩と広げていきました。

一八七一（明治四）年七月九日、西郷、大久保、西郷従道、大山巌《いわお》、木戸、井上馨、山県有朋の七名の薩長の要人が木戸邸で、廃藩置県の案を作成しました。

議論を繰り返し行い、議論も出尽くした頃に、

「議論は尽くした。反対はあろうが、改革を断行しなければ日本に未来はない。問題が生じたら、自分がすべてを引き受ける」

という西郷の一言で、木戸宅に集った要人たちはいずれも沈黙したのでした。

そして、同年七月十四日、西郷、木戸、板垣退助、大隈重信という薩長土肥《さっちょうどひ》の出身者を参議とした政府がつくられました。同じ日に、明治天皇は在京の知藩事を集め、廃藩置県の詔書を出したのです。こうして大小さまざまの藩はなくなり、三つの府と七十二の県が誕生しました。知藩事は役目を解かれ、俸禄《ほうろく》と華族身分が約束され、住まいは東京に移されました。

東京、京都、大阪という徳川幕府直轄の都市には「府」が置かれ、その「府」には府知事が、「県」には県令が置かれました。府知事、県令も維新政府が任命した官僚でした。廃藩置県が実施されたことで、これまで藩に納めていた年貢は政府に納めるシステムに変わり、維新政府の財政基盤ができました。

ただ、廃藩置県の実施は、禄を食む仕組みを壊し、武士の拠り所を失わせることとなりました。西郷の胸中には苦悩もあったはずでした。

しかし、それでも西郷は、廃藩置県を断行しました。一八五八(安政五)年に藩主斉彬の命で、一橋慶喜の将軍擁立のため雄藩の藩主、家臣と話し合い、連衡《れんこう》を強めようとして以来、また五年余りにわたる島での囚人生活の間でも、体制変革の信念は変わることはありませんでした。

その手段は、薩摩藩の藩政改革から維新後の二院制議会、さらに薩長土三藩の御親兵へと少しずつ変化しましたが、最終的には立憲君主国家を樹立するために、天皇と国民の間にあった幕府や藩を廃止させたのでした。

この廃藩置県により、日本は中央集権的な国家の発展のための礎《いしずえ》を得たのでした。体制変革者としての西郷の変革は、ここに完結しました。

岩倉使節団と西郷留守政府

新政府は、海外視察のため岩倉具視を正使とした大使節団を派遣する方針を固めました。副使に木戸孝允、大久保利通、伊藤博文などが選ばれ、当時の政府首脳陣も同行しました。留学生を含むと総勢百七名で構成されていて、中江《なかえ》兆民《ちょうみん》もまた留学生の一人でした。

この使節団の発案者は大隈重信で、もともと小規模な使節団を派遣する予定でしたが、いつの間にか大規模なものになりました。彼らは一八七一（明治四）年十一月から一八七三（明治六）年九月まで、米国、欧州諸国を歴訪したのでした。

政府首脳の約半数が渡欧したことで、国内問題は停滞せざるを得なくなり、これらの問題は留守を預かる内閣に押し付けられる形になりました。

この留守を預かるために組織された政府は「留守政府」と呼ばれました。太政大臣の三条実美を筆頭に西郷隆盛、井上馨、大隈重信、板垣退助らが参議となり、その政治力の弱さを補うために後藤象二郎、江藤新平《しんぺい》、大木喬任《たかとう》を新たに参議として追加しました。

岩倉使節団の出発前に、各省大輔以上の政府高官が「大臣・参議・大輔《たいふ》盟約書」を結びました。その第六条で、「留守中に大規模な改革を行わないこと」を約束させられ、その一方で第七条では「廃藩置県の後始末については速やかに行うように」と指示されていました。このように「大臣・参議・大輔盟約書」は、留守政府が行うべき施策と暴走防止のためのものでした。

さて、岩倉使節団ですが、米国太平洋郵船会社の蒸気船「アメリカ」号で横浜港を出航しました。太平洋を渡り、サンフランシスコに向かったのです。そこから米国を横断し、ワシントンD．C．を訪問、米国には約八カ月の長期滞在になりました。

その後、大西洋を渡り、欧州各国を歴訪しました。一八七二（明治五）年八月、英国のリヴァプールに到着すると、ロンドンから始まり、ブライトン、ポーツマス海軍基地など英国各地を見てまわり、ヴィクトリア女王にも謁見しました。世界随一の工業先進国の実状を視察し、帰国後の富国強兵策に活かしたのでした。

欧州の訪問国は、英国四カ月、仏国二カ月、ベルギー、オランダ、ドイツはそれぞれ三週間、ロシアは二週間など、全部で十二カ国、半年以上に及ぶ滞在でした。帰途は、地中海からスエズ運河を通過し、紅海を経てアジア各地にあるヨーロッパ諸国の植民地であるセイロン、シンガポール、サイゴン、香港、上海なども訪れました。

使節団の主な目的は、友好親善、さらに欧米先進国の視察と調査でした。また、条約改正を打診する使命もありました。旧幕府と締約した各種条約を新政府のものに置き換えるために、明治初年度から順次交渉を続けていたのでした。

そして、一八七二（明治五）年七月をもって欧米十五カ国との修好条約が改定の時期を迎えたので、新政府はこの好機を捉えて不平等条約の改正を図りました。しかし結果としては、日本には近代的な法制度が整っていないことなどを理由に改正を断念しなくてはなりませんでした。

一方、使節団出発後の留守政府は、大きな改革はしないとの取り決めをしていたのですが、学制の制定、徴兵令の布告、地租改正、太陽暦の採用、司法制度の整備、キリスト教弾圧の禁止など、積極的に改革を進めていきました。ただし、留守政府では、朝鮮出兵をめぐる征韓論の議論が盛んになり、使節団帰国後に政争となっていきました。

さて、岩倉使節団がまだ米国に滞在している頃の一八七二（明治五）年三月に、御親兵が廃止され、近衛兵が置かれました。同年に、長州出身の近衛都督の山県有朋が秩禄処分と国民徴兵制を進めましたが、これに薩摩出身の近衛兵たちが反発し、反乱に発展しそうになりました。

明治天皇の西国巡幸に随行中だった西郷は、山県に代わり近衛都督《このえととく》になり、騒動を鎮めました。同年七月、参議、近衛都督だった西郷は、陸軍に元帥として任官しました。しかし、一八七三（明治六）年五月の官制改正で、元帥の階級は廃止され、西郷は陸軍大将になりました。

このように、留守政府は、実質的には西郷の政府でした。岩倉使節団の政府要人たちは、西郷がいる限り、留守政府は安心だと思っていました。西郷がいれば御親兵の政府に対する反乱もなく、廃止された諸藩が反乱を起こすこともないと思っていたからでした。

徴兵制は、一八七三（明治六）年に制定されました。士族軍隊派から平民軍隊派に鞍替えしたものの、士族の没落は見るに忍びないものがあり、彼らを何とかしたいと、西郷は常に考えていました。「士族の不満を抑えるためならば、自分が上に立とう」と思い、岩倉使節団が渡欧している間、西郷はその苦しみを一人で背負っていたのでした。

征韓論対決

「征韓論」は、新政府間の主導権争いが激化した政争でした。「富国強兵」を目指し邁進しようとする大久保利通と、近衛兵の中で旧薩摩藩兵を率いる西郷隆盛との争いであり、旧薩摩藩兵を率いる西郷には、兵士たちのさまざまな想いが伝わってきました。

武力をもって朝鮮を開国しようとする「征韓論」は、西郷が強力に推進しようとしたというのが史実であると理解されている方が多いでしょう。しかし、実際、西郷は征韓論の支持者ではありませんでした。

征韓論の急先鋒は、近衛兵の中で旧土佐藩兵を率いる板垣退助でした。近衛兵における旧薩摩藩兵を率いていた西郷はむしろ、それを抑えようとしていたのでした。西郷は朝鮮には出兵せず、開国を勧める遣韓使節《けんかんしせつ》として自らが朝鮮に赴くという考えでした。

西郷イコール征韓論者として私たちが捉えるようになったのは、西郷の死後、板垣が自由民権運動で「征韓論は西郷の主張」として流布したからでした。

戊辰戦争で勝利し、明治維新を実現させた官軍の流れをくむ近衛兵たちが当時、期待したのは新たに戦争をすることでした。戦争といっても全面的なものではなく、局地的なものです。

近衛兵たちは欧米列強との戦争を望んではいませんでした。戦いを挑んで勝てる相手ではないことを知っていたからでした。薩英戦争においてたった三日で敗退した体験を持つ旧薩摩藩兵でしたが、あの戦争からまだ十年しか経っていませんでした。彼らが望んでいたのは領土問題や国交問題で紛争している樺太、台湾、朝鮮の間における局地的な戦争だったのでした。

一八七三（明治六）年の段階で、征韓論だけが突出していたのではありませんでした。西郷の右腕だった桐野利秋《きりのとしあき》は征韓論者ではなく、征台《せいたい》論者でした。桐野は征韓論にはまったく関心がありませんでした。西郷と同じ薩摩出身の黒田清隆は、樺太出兵を支持していました。

そもそも征韓論が主張され始めるのは、一八六八（明治元）年から続く対朝鮮問題にありました。同年、維新政府は朝鮮に国書を送り、鎖国中の朝鮮に対して開国を勧めました。その後、日本は何度も使節を送りましたが、拒否されていました。

西郷は、「開戦を求めていたのではなく、朝鮮への使節派遣を求めたにすぎない。自分が遣韓使節の全権大使として訪韓して、謀殺されると、征韓の口実にできる」と主張しました。西郷の本音は、自らが全権大使として訪韓することで、征韓論者の急先鋒だった板垣を抑えようとしたのでした。

岩倉使節団が承認した政策は、「朝鮮への砲艦外交」だけでした。そのため、朝鮮への使節派遣については閣議で内決することが可能でした。西郷は征韓論にはあまり関心がなかったものの、近衛兵のことを考えると樺太、台湾、朝鮮問題のどれも採り上げないということもあり得なかったため、仕方なくいま議論できる征韓論で話を進めようとしたのでした。

一八七三（明治六）年六月、留守内閣は西郷が遣韓使節の全権大使になると主張し、太政大臣・三条実美の同意を得て、閣議決定に至りました。このとき、三条は西郷の派遣に同意しましたが本音は大反対で、同意したのは西郷と旧薩摩藩兵の暴発を恐れたからでした。

ところが、明治天皇から、「岩倉具視の帰朝を待ち、改めて奏上せよ」との勅旨があり、発表は岩倉の帰国を待つことになりました。

岩倉は同年九月に横浜に到着し、留守政府の決定を聞くと、すぐに征韓論反対の立場をとりました。これは「外遊組の総意」の反対で、「大使派遣は戦争につながってしまう、いまは内治を優先させるべきだ」と、こぞって反対したのです。

外遊組と留守内閣が一堂に会すると、西郷と大久保は激しく激突しました。西郷は「すでに決まったことだ」と退かず、大久保も「そのような重大案件を留守内閣だけで決めたのは契約違反である」と主張を曲げませんでした。

紛糾してまとまらない状態に、本音では反対派の三条はストレスが原因で病に倒れてしまいました。そこで岩倉が太政大臣代理を務めることになりました。西郷ら征韓派四人の参議（板垣退助、後藤象二郎、江藤新平、副島種臣《そえじまたねおみ》）は、岩倉に奏上を迫りましたが、岩倉はこれを退け、西郷の大使派遣をつぶしてしまったのでした。

これにより談判は決裂、西郷は辞職を決意し、すべての役職の辞表を提出しました。追うように板垣退助、後藤象二郎、江藤新平、副島種臣らの四人の参議たちも辞表を提出しました。また、桐野利秋ら西郷を支持する官僚・軍人が大量辞職し、その数は約六百人にのぼりました。後年、征韓論によるこの政争は、「明治六年の政変」と呼ばれています。

下野した参議たちはその後、政府に抵抗する勢力の中心人物となりました。彼らは、これから頻発する士族反乱や自由民権運動の発端になっていきました。

薩摩に帰った約六百人の薩摩人たちは、西郷を中心として「私学校」という組織を結成しました。私学校は薩摩の士族の不満を消化するための学校として設立されましたが、結局は暴発の道を選択してしまうのでした。

鹿児島県令も協力した私学校の創設

「征韓論争」に敗れ下野した西郷隆盛は、新政府とはそのまま緊張関係に陥り、やがて対立関係へと変わり、そのまま一八七七（明治十）年の西南戦争に突き進んだと思われがちですが、決してそうではありませんでした。

その理由として、西郷たちが参議を辞職し下野した四カ月後、大久保利通と岩倉具視は閣議において「台湾出兵」を決定しています。内治優先を理由に征韓論に反対した大久保、岩倉とはいえ、わずか四カ月の間に、内治優先の課題は解決したのでしょうか。

あまりに筋の通らない決定でしたが、意外なことに西郷はその決定を支持しています。台湾は東アジアの大国・清国の領土だったため、場合によってはこの出兵は日清戦争を引き起こす危険もはらんでいました。

しかし、西郷は台湾出兵を全面的に支持し、三百人を超える義勇兵を、旧近衛兵や薩摩士族から募り、政府軍に同行させました。もともと台湾出兵は西郷の側近である桐野利秋が強く主張していたものでした。また、弟の西郷従道が台湾征討軍の都督になったことも、このことに大きく影響していました。

征韓論で参議と近衛都督を辞任した西郷でしたが、政府内の薩摩系軍人が寄せる信望は以前と変わりませんでした。台湾出兵が引き金となり、対清戦争になった場合、西郷抜きでの戦争遂行は考えられないと思われていました。対清戦争の最高指揮官はあくまで西郷だったからでした。

一八七四（明治七）年二月に起きた佐賀の乱に呼応する動きはなかったものの、薩摩に帰郷した旧近衛兵と士族の多くは暇をもてあまし、彼らの素行の悪さが問題になっていました。

そのため旧近衛兵の渋谷精一らは、彼らのために学校を創設してほしいと西郷に願い出たのです。西郷は同年六月、非役軍人や県内士族のために、旧鹿児島城（鶴丸城）内に、私学校（賞典《しょうてん》学校）、吉野開墾社を設立しました。

私学校は、旧近衛歩兵およそ六百人を収容した銃隊学校と、旧藩砲隊出身者およそ二百人を収容した砲隊学校から成っていました。軍事訓練のほかに漢学などの講義が行われましたが、創設当初は、入学できるのは元城下士族に限られていました。

この私学校ですが、校名に「私」という文字は付いていますが、鹿児島県から予算が支出されたため、実質的には公立校だったと言えます。私学校はのちに、鹿児島県内に分校が設置されています。

私学校は賞典学校とも呼ばれていますが、それは西郷の二千石、大山綱良《おおやまつなよし》県令の八百石、桐野利秋の二百石のほか、当初は大久保の千八百石の賞典禄（戊辰戦争の戦功として与えられた）が経費として創られたことによります。ここでは、漢学のほか外国人教師による英語、仏語の講義も行われました。

一八七五（明治八）年同月、西郷は自ら吉野開墾社を設立しましたが、ここでは元陸軍教導団（下士官学校）の百五十人の生徒を収容し、昼間は原野の開墾、夜間は学問という生活を送らせました。

帰郷してからの西郷は自ら開墾に汗を流し、白鳥温泉や日当山《ひなたやま》温泉などで湯治《とうじ》をしながら、犬を連れて、好きな猟などをして過ごしました。しかし、西郷が帰郷すると、各地から多くの人が薩摩を訪ねてきました。

庄内藩の前藩主・酒井忠篤《さかいただすみ》などは、一八七五（明治八）年十一月から翌年三月まで滞在し、兵学実習を名目に藩士七十余人を連れての滞在でした。このとき西郷が折に触れて語ったことを書き留めたのが、あの有名な『南洲翁遺訓』でした。

征韓論を支持した参議たちの思惑は、海外における局地戦争をすることで、全国に充満していた不平士族の不満を外にそらす目的がありました。しかし、その征韓派参議が下野したことで、不平士族の不満はさらに過熱することになりました。

そのような中で、先述の佐賀の乱が起こりました。佐賀で憂国党が武装蜂起したことがきっかけで、征韓党を率いる江藤新平と憂国党を率いる島義勇《よしたけ》が、不平士族を抑えるため佐賀へ向かいましたが、蜂起を抑えることができず、最後は自ら決起することとなったのでした。

当初は中立だった佐賀士族が政府軍に協力したため、江藤らの目論んだ「佐賀が決起すれば各地の不平士族が続々と後に続く」という考えは、旧佐賀藩内においても実現することがありませんでした。

文官の大久保に対して兵権を握る権限を与えることで、迅速に対応した新政府は、三月一日には完全に蜂起を終息させました。

佐賀の乱に対し、島津久光は西郷に反乱鎮圧を命じましたが、西郷は従いませんでした。戦場を離脱し、薩摩にやって来た江藤は、西郷に決起を促しますが、ここでも西郷の心は揺さぶられませんでした。江藤はその後、東京へ行こうとして高知で捕らえられています。

佐賀の乱から二年半後、一八七六（明治九）年十月には熊本の神風連《じんぷうれん》の乱が起こりました。これは神風連が鎮台などを襲撃した事件でした。この乱に呼応して、秋月の乱、長州の前原一誠による萩の乱が立て続けに起きました。秋月の乱、萩の乱は西郷の決起を期待していましたが、西郷は立ちませんでした。新政府相手の武力反乱などをする気は、西郷にはさらさらなかったのでした。

また、一八七五（明治八）年九月、政府は自ら江華島《こうかとう》事件を起こして、朝鮮の開国を武力によって要求しました。この報が届くと、西郷は大いに憤慨しました。大義名分なき軍隊派遣をした政府の行いに、大いに失望を覚えたのでした。

西郷私学党、西南戦争にて散る

一八七七（明治十）年一月、新政府の大久保利通は、ある策略を施しました。それは、鹿児島にある武器弾薬から最新鋭のスナイドル銃と弾薬を大阪へ搬出するというものでした。

これを知った私学校の生徒たちは桐野利秋の指揮のもと、火薬庫を襲撃し、武器類を奪取しました。しかし、火薬庫にあったのは旧式のエンフィールド銃と弾薬のみで、大久保の策略にまんまとはまってしまったのでした。

鹿児島にある武器火薬庫も管轄は新政府にあったため、そこに対する襲撃は国家への反逆と見なされました。火薬庫襲撃の報を小根占《こねじめ》で聞いた西郷は「しまった」と思い、鹿児島へ急ぎ帰り、私学校で大評議を開催しました。その席上、さまざまな策が出ましたが、桐野が「断の一字あるのみ」と宣言し、全軍の出兵が決まったのでした。

同年二月九日、薩軍の一番大隊が熊本方面へ先発。薩軍出兵の報を得た新政府は、「鹿児島県逆徒征討の詔」を発し、西南戦争の火ぶたは切って落とされました。

二月二十二日、薩軍は熊本城を包囲し、五十二日間に及ぶ熊本攻城戦が始まりました。薩軍の指揮は、熊本鎮台《ちんだい》司令長官の前歴がある桐野でしたが、総攻撃を仕掛けたものの落城させることができませんでした。このときの戦力は、薩軍が一万四千人に対して、鎮台兵約四千人でした。

薩軍では軍議が開かれ、熊本城への強襲は見直されて、熊本城を包囲する一方で別働隊をつくり、小倉を攻めることになりました。翌日、薩軍の小隊が小倉へ向けて出発しましたが、途中で激戦の田原《たばる》方面に転進し、小隊の一部だけが小倉へ進むことになったのでした。薩軍の精鋭は攻城戦で消耗し、膠着状態に陥りました。

要衝・田原坂《たばるざか》を陣地化した薩軍は、政府軍を待ち構える作戦に出ました。政府軍は正面突破を図ったため、結局、田原坂の激戦は十七日間にも及びました。その後、政府軍は旧会津士族も含む警視庁抜刀隊を投入し、総攻撃を仕掛けました。田原坂一帯にこれまでにないほどの大砲撃が開始され、薩軍は退却を余儀なくされました。

政府軍はこの田原坂での勝利後、熊本鎮台救援を成功させ、薩軍に対する攻勢を強めました。一方、薩軍は以後、敗勢が濃くなり、勢いは衰えていったのでした。

薩軍はその後、三州（薩摩・大隅・日向）への蟠踞《ばんきょ》策を採り、同年四月二十七日、人吉《ひとよし》に薩軍大本営を置きました。ここでは長期防衛戦略をとりましたが、政府軍は人吉攻撃を開始し、薩軍は抵抗したものの、短時間の間に陥落してしまいました。このとき、西郷は敗戦を覚悟し、「わが身の始末する」と述べています。

その後、薩軍本営は宮崎に置かれ、軍政を実施しました。また、資金調達のために、いわゆる「西郷札」を発行し、何とか態勢を整えようとしますが、ここも長くは持ちませんでした。七月には宮崎も陥落し、居場所を追われた薩軍は転々とし、和田峠に移動。西郷はここで自らが陣頭指揮を執ると宣言し、自らの死を覚悟しました。

しかし、宮崎でも敗退。追い込まれた西郷は、解軍の令を出しました。これにより、薩軍は精鋭のみが残ることになりました。死を残すのみの集団になったと言えるでしょう。政府軍が抑えていた可愛岳《えのだけ》を突破し、薩軍は鹿児島へと帰還したのでした。

薩軍は私学校を占領し、城山に立てこもり、最後の一戦に備えました。兵力を増強した政府軍は城山周辺の薩軍を駆逐し、城山包囲態勢を完成させました。一方の薩軍はわずか三百五十余名となっていました。西郷は「城山決死の檄」を出し、決死の意を全軍に告知しました。

霧煙る錦江湾のその先に、ドンとそびえる桜島の山影。城山からこの光景を眺めた西郷は、日本の行く末を案じたことでしょう。

最後の戦いは九月二十四日午前四時に始まりました。政府軍の総攻撃でした。戦いの開始から数時間が経ち、城山岩崎谷で流弾に当たり負傷した西郷は別府晋《べっぷしん》介《すけ》に介錯を頼みました。西郷は襟を正し、遥か東方に拝礼し、切腹しました。

西郷の切腹を見守っていた桐野、村田らは再び突撃し、敵弾に倒れ、自刃しました。この戦いによる薩軍死者は六千四百余人、政府軍死者は六千八百四十余人。午前九時頃、銃声はやみ、西南戦争は終わりました。

西郷は幕末の薩摩藩に現れ、徳川幕府から見ると一番の叛逆者となり、その叛逆者が徳川幕府を倒し、明治維新の世を出現させ、一番の英雄となりました。それから、十年後、西郷は明治新政府から見ると一番の叛逆者になり、叛逆者のまま この世を去ったのでした。

第2部　終章

西郷隆盛はたいまつの火か

明治維新百五十年と西郷没後百四十年の意味

「西郷の死」を当時の人々はどう見ていたか

一八七七（明治十）年二月、西南戦争が勃発しました。西郷軍は鹿児島を発ち、一路、東京を目指しました。明治新政府を討つのではなく、あくまでその大義を質すことが目的だということでした。

当時の新聞には、西南戦争についての正確な記事が掲載されていません。新政府が意図的に情報を公表しなかったことが原因でした。同年二月初めに、薩摩の不平士族たちが桜島対岸の弾薬製造所を乗っ取ったという噂が流れました。しかし、新聞には、そのような記事は掲載されていませんでした。

また、薩摩では、西郷の腹心である桐野利秋のもとに、「民選議院をつくり、華族と同等の権利を平民に持たせよう」と主張する一派ができて勢いを増しているという噂が流れました。

二月十日を過ぎる頃から西南戦争に関する記事が掲載されはじめました。十日「鹿児島の私学校党が暴挙を企てている」と書かれました。ただ、風聞をそのまま記事にはできませんでした。そのような記事を掲載した場合には、警察に呼び出され、始末書を書かされるだけではなく、場合によっては禁獄を命じられて一〜二カ月の間、獄中ということもありました。

政府が正式に西郷以下、桐野、篠原国幹《しのはらくにもと》らの官位を剥奪し、叛逆者と公表したのは、二月二十五日でした。しかし、その公表が新聞に掲載されて、国民が知ったのはその二日後のことでした。

新政府は西南戦争関連の情報を公表せず、西郷がこの反乱に加わっていることを国民が知る前に、この反乱を鎮圧してしまおうと考えました。新装備の政府軍の力をもってすれば、西郷軍はすぐに鎮圧できると考えたからです。

しかし、実際には、鎮圧に七カ月かかりました。西郷軍がこれだけ長期にわたって戦えたのは、九州地方の多くの農民たちが西郷軍を支持したからで、それほど新政府に不満を持つ農民が多かったということです。また、日本各地で士族反乱が起こる恐れがあり、新政府は西郷軍に大軍を投入できなかった事情がありました。

このとき、西南戦争の情勢を冷静に見つめていた男がいました。西南戦争勃発の年にちょうど三十歳になる男で、「東洋のルソー」と言われていた中江兆民です。兆民は当時、運動の高まりを見せ始めていた自由民権派の思想家でした。兆民は、土佐藩の足軽の家に生まれました。長崎で海援隊の坂本龍馬と歓談し、世の中にはこのような面白い男がいるものかと生涯自慢話のように語りました。その兆民は、西南戦争の噂が広がり始めると、毎日のように新聞茶屋に通ったといいます。

当時、新聞購読はとても高価な情報収集法でした。そのため何紙もの新聞を読むことが可能な茶屋が大流行しました。兆民はその茶屋で、西南戦争に関わる記事を探すために新聞を読みあさり、茶屋で交わされる噂話に耳をそばだてました。

その当時の多くの人たちにとって疑問だったのは、次のようなことでした。西郷は「維新の三傑」の一人で、多くの人たちから忠臣と思われていました。その西郷がなぜ、西南戦争の首謀者になったのかという疑問でした。

これに対して兆民が出した結論は、野心を持たず、権力に執着もしない忠臣の西郷が反乱の首謀者になることで、人々の意識を変えようとしたのではないかということでした。

西郷が新政府に反抗し、抵抗することで、国民の権利の一つである「抵抗権」の存在を人々に伝えたかったのではないか。それは、新政府が一番恐れていたことでした。兆民は岩倉使節団に随行し、そのままフランスに留学しています。「抵抗権」という権利も、このフランス留学で学んだ概念でした。

征韓論に敗れ下野した西郷は鹿児島に帰り、故郷を離れていた十年の間に、故郷が荒れ果ててしまっていたことに気づきました。新政府から保護を受けた政商たちに利益を吸い上げられて、弱る一方の地方を見たとき、西郷は責任の重さを感じました。

西郷は鹿児島のこの光景を眺め、苦しむ人民のために、幕府に代わった新政府ともう一度対決しなければならないと考えたに違いありません。しかし、それは武力によるものではなかったはずでした。

西郷は、私学校をつくり、士官を養成しました。当時、日本最強と言われた旧薩摩士族の武力を誤った方向に向かわせないための学校でした。西郷が考える新政府との対決とは、武力によるものではなく、人づくりであり、国会の開設であったと思われます。

先にも触れましたが、薩摩の不平士族たちは民選議院の設立を要求しているという噂は本当でした。典型的な保守派である不平士族ですが、彼らは真剣に華族も平民も同等の権利を持つ国会の開設を考えていたとも思われます。薩摩の不平士族たちは旧態依然とした保守派から、新政府への抵抗を通じて、自分たちを変えていったのでした。兆民はそう感じていました。

一八七七（明治十）年九月二十四日、その西郷も賊として城山で自決しました。

その新聞記事を読んだ兆民は、「それは仕方のないことだ。しかし、西郷は自分が失敗することを十分過ぎるほどわかっていた。だが、それを知りながら立ち上がったのが西郷なのだ」と思ったことでしょう。成功は決してしないだろうが、しかし西郷は賊の汚名を着せられても、抵抗には抵抗の意味があることを知っていたのだと、兆民は感じていたに違いありません。

兆民は、西郷の抵抗姿勢を高く評価し続けた自由民権派でした。

この時期、兆民が書いた日記に、「より自由になるということは、より進歩することではない。より文明開化することではない。一人ひとりが、より自己に目覚めることだ。誰も頼りにせず、誰に支配もされずに生きることに目覚めることだ」と書いています。

この一文を読むとき、思想的な立ち位置はまったく違う兆民の心根に、『南洲翁遺訓』の教えが透けて見えます。兆民の戦いは、西郷の死後にいよいよ本番を迎えるのでした。

明治維新百五十年と西郷隆盛没後百四十年

二〇一八（平成三十）年は、一八六八（明治元）年から数えて満百五十年にあたります。日本人にとって、「明治維新」は輝かしい歴史の一ページであったといえるでしょう。欧米列強の国々以外で、近代国家が初めて成立したからです。

しかし、この輝かしい歴史の最終ページは、太平洋戦争における敗戦です。「維新」以来、営々と積み重ねてきた近代国家・日本は、敗戦により大切なものをすべて焼失してしまいました。

なぜ、輝かしい「維新」の歴史が、「敗戦」という結果で終わってしまったのか。このことを、私たちは歴史を通して学ぶ必要があるでしょう。

二〇一八（平成三十）年は、明治維新から百五十年ですが、この記念すべき年に、日本政府は記念行事を行うことを決めています。明治時代に関する文書、写真の収集とそれらのデジタル化を進めるようです。また、この時代に活躍したものの、時代のうねりの中に埋もれてしまった人物の発掘などに取り組むよう、政府は各省庁に通達を出しています。

じつは、明治維新を政府が祝うことには、前例がありました。一九六八（昭和四十三）年、当時の佐藤栄作内閣の時代に、明治百年記念を開催しています。その様子を新聞記事で探すと、復古調の行事を批判する声がありました。しかし、明治百年記念の行事などに臨む政府見解について記した文書には、「過去のあやまちについて謙虚に反省」の一文がありました。

このたびの明治維新百五十年記念には、そうした文言は一切ありません。司馬遼太郎著の『坂の上の雲』ではありませんが、近代化を成し遂げた歩みだけが強調されていて、明治維新賛美のムードが全面に漂っています。

確かに、江戸時代に比べて、身分制は消えて、四民平等・職業選択の自由など、多くの人間たちの人生に可能性は広がりましたが、その一方で、富国強兵の名の下に、多くの生命を失い、人権を侵された日本内外の大勢の人たちがいたことも事実です。

政府はそうした歴史の影の部分を見ないようにして、明治百年記念の際の「過去のあやまちについて謙虚に反省」という姿勢も忘れ、「明治の精神に学び、さらに飛躍する国へ」と謳っています。あくまで、これは明治維新の光の部分しか見ていません。光の部分も大切ですが、影から目を背けては、正確に歴史を見ていることにはなりません。

繰り返しになりますが、明治維新百五十年年は二〇一八（平成三十）年。その前年の二〇一七（平成二十九）年は、西南戦争において賊軍の長として、非業の死を遂げた西郷隆盛の没後百四十年にあたります。

私たちは、西郷がどのような気持ちで〝賊軍の長〟として、薩摩の不平士族たちに付き従ったのか、その気持ちに寄り添いたいと思っています。

江戸城は無血開城になりましたが、「明治維新」は多くの若者が血を流した末に成立しました。その若者を失った家族ですが、それが官軍の兵士であっても、佐幕派の武士であっても、その後、その家族は明治時代をどのように生きたのでしょうか。

その一方で、文明開化は、一部の上流階級にとってのものでした。新政府では、維新の功労者たちが要職を固め、その親類縁者が縁故情実で重用されていました。この様子をじっと眺めていた西郷は、「明治維新とは公明正大で正道を歩む政治ではなかったか」と思ったことでしょう。

明治の社会もまた、欲と私心だらけの状態でした。西郷は、そうした状況を見ながら、「これが苦難の末に勝ち得た国家なのか、目指した政治、社会なのか……」と嘆いたといいます。

生涯を通じて「大義」と「正義」を重んじた西郷ですが、西南戦争ではその「大義」と「正義」を西郷自身の言葉で語った資料は残されていません。私たち一人ひとりが西郷の身になり、その「大義」と「正義」を考えなくてはならないと思います。

この「大義」と「正義」の意味に真剣に向き合い考えることが、現代の私たちには必要です。

真剣に考えることで、初めて明治維新百五十年記念を本当の意味で祝うことができると思います。

【参考文献】

歴史学研究会編『日本史年表』岩波書店／1966年
高柳光寿・竹内理三・編『角川日本史辞典』角川書店／1966年
田中惣五郎『西郷隆盛』吉川弘文館／1985年
司馬遼太郎『翔ぶが如く』文藝春秋・全7巻／1975～1976年
山田済斎(編集)『西郷南洲遺訓―附・手抄言志録及遺文』岩波書店／1991年
猪飼隆明『西郷隆盛―西南戦争への道―』岩波新書／1992年
中江兆民・著　井田進也・編纂『一年有半・続一年有半』岩波書店／1995年
なだいなだ・著　司 修・イラスト『TN君の伝記』福音館書店／2002年
稲盛和夫『生き方―人間として一番大切なこと』サンマーク出版／2004年
稲盛和夫『人生の王道―西郷南洲の教えに学ぶ』日経BP社／2007年
海音寺潮五郎『新装版・武将列伝 江戸篇』文春文庫／2008年
稲盛和夫『新版・実践経営問答　こうして会社を強くする』PHPビジネス新書／2011年
稲盛和夫『新版・敬天愛人　ゼロからの挑戦』PHPビジネス新書／2012年
坂野潤治『西郷隆盛と明治維新』講談社現代新書／2013年
稲盛和夫『考え方―人生・仕事の結果が変わる』大和書房／2017年
海音寺潮五郎『史伝　西郷隆盛』文春文庫／2017年
『西郷どんのひみつ』ぴあ／2017年

稲盛和夫（いなもり・かずお）

1932年、鹿児島県に生まれる。55年、京都の碍子メーカーである松風工業に就職。59年4月、知人より出資を得て、京都セラミック株式会社（現京セラ）を設立し、現在名誉会長。第二電電（現KDDI）の設立、JALの再建にも携わる。主な著書に『生き方』（サンマーク出版）、『働き方』（三笠書房）、『考え方』（大和書房）、『アメーバ経営』、『稲盛和夫の実学』（共に日本経済新聞出版社）などがある。

無私、利他
西郷隆盛の教え

2017年12月24日　第1刷発行

監　修　稲盛和夫
編　集　プレジデント書籍編集部
発行者　長坂嘉昭
発行所　株式会社プレジデント社
〒102-8641東京都千代田区平河町2-16-1
平河町森タワー13階
http://president.jp
電話　編集（03）3237-3732
販売（03）3237-3731
販　売　高橋 徹　川井田美景　森田 巌　遠藤真知子　末吉秀樹
構成&編集　有限会社アトミック（鮫島 敦・沖津彩乃）
編　集　渡邉 崇
装　丁　秦 浩司（hatagram）
制　作　関 結香
印刷・製本　中央精版印刷株式会社

ISBN978-4-8334-2257-4
Printed in Japan